KB089293

쓰지 못한
단 하나의 오프닝

쓰지 못한

단 하나의 오프닝

방송가의 불공정과 비정함에 대하여

이은혜 지음

꿈꾸는인생

방송은 사랑과 정의와
다정을 노래하지만

방송 없는 삶은 상상하고 싶지 않다. 아침나절 버스에서 흘러나오는 경쾌한 라디오 DJ의 음성도, 혼자 밥 먹을 때 적적함을 덜어 주는 TV의 음식 프로그램도, 퇴근 후 맥주 한 캔 마시며 보는 드라마도 없다니. 간이 하나도 안 된 음식을 먹는 것처럼, 방송 없는 세상은 생각만 해도 밍밍하다.

80년대 생인 나는 미디어에 둘러싸여 자라난 세대다.

어린이 시절에는 일요일 아침 8시면 〈디즈니 만화동산〉을 보기 위해 일어났고, 청소년기에는 시트콤 〈남자 셋 여자 셋〉을 보며 대학생활의 낭만을 꿈꿨다. 정작 대학에 입학하고 나서는 아르바이트와 연애와 각종 모임에 푹 빠져 TV를 전보다 덜 보게 되었지만 정신없이 살면서도 〈무한도전〉만큼은 재방송을 따로 챙겨 볼 정도로 좋아했다.

미디어를 보고 들으며 자란 세대는 자연스럽게 방송을 꿈꾸게 됐다. 낭만을 심어 준, 웃음을 선물한, 권력을 비판한 세계에 소속되어 좋은 프로그램을 만들고 싶다는 소망을 품었다. 예나 지금이나 청춘들은 끊임없이 방송사의 문을 두드린다. 이들은 꿈꾸던 자리에 안착하기 위해 비싼 수강료를 내면서 아카데미에 등록하고 스터디를 만든다. 부지런히 책을 읽고 발성 연습을 하고 원고를 써 포트폴리오를 쌓는다. 그렇게 어렵사리 방송가에 첫발을 내딛는다. 근데 어라, 뭔가 이상하다. 분명 꿈꾸던 곳에 왔는데 왜 이렇게 괴롭지? 이 책의 이야기는 여기서부터 시작된다.

꿈꾸던 일의 대가는 '과로'다. 새벽달 보며 출근하고

저녁별 뒤로하고 퇴근하는 다큐멘터리 조연출, 노동절에 노동하는 게 당연해진 예능 작가, 한 주에 100시간 일하고 코피 흘리는 드라마 스태프들은 그토록 간절히 바라던 현장에서 간신히 하루하루를 버틴다.

꿈꾸던 일의 대가는 '불안'이다. 계약서가 없어 고용과 해고 사이에서 매일 살얼음판을 걷는 프리랜서 아나운서, 직을 잃을까 두려워 상사의 폭언에 맞서지 못하고 숨죽여 우는 리포터, 해고되지 않기 위해 출산을 포기하는 작가가 미래를 그리는 건 불가능에 가깝다. 이들은 후배에게 진심을 담아, 따뜻한 목소리로 조언한다. 도망치라고.

꿈꾸던 일의 대가는 또한 '차별'이다. 같은 일을 해도 소수의 정규직에게만 높은 연봉과 안정된 노동 환경이 주어진다. '동일노동 동일임금' 위반은 방송 업계에서 흔한 일이다. 동시에 그 소수의 정규직에게는 미션이 하나 주어진다. 다수의 비정규직과 프리랜서를 채용하고 평가하고 해고하는 일. 노동자가 노동자의 명줄을 쥐는 셈이다. 정규직 인력들은 점차 사람을 소품처럼 쓰고 버리는 일에 무감해진다. 아니, 무감해져야 한다. 그렇지 않으면 일하는 내내 고통받게 되니까.

　과로 권하는 사회, 불안 권하는 사회, 차별 권하는 사회가 바로 방송가였다. 그 속에서 방송작가로 살면서 나 역시 무력했음을 고백한다. 공정과 정의를 좇는 방송사와 프로그램에서 일했지만, 정작 그 속의 일꾼인 내가 부당함을 언급하면 '유별난 작가'로 낙인찍혔다. 임금이나 계약서는 금기어에 가까웠다. 하지 못한 말들이 가슴에 쌓여 갔다. 나는 가슴이 답답할 때마다 "방송작가 일을 하기 위해서는 필력보다 눈치가 필요하다"던 한 선배의 말을 자주 떠올렸다.

　방송가에서 5년여를 일하며 매일같이 업계의 부조리를 목격했다. 보기만 했다. 나 역시 그 시스템 안에서 굴러가는 작은 나사에 불과했으니까. 하지만 한 번 눈에 맺힌 광경은 쉽게 잊히지 않고 엉켜 버린 실타래처럼 내 안에 남았다.

　쓰지 않고는 지나갈 수 없는 일이 있다. 누군가에게는 그게 부모의 삶이고, 다른 누군가에게는 그게 학교폭력 경험담이다. 내게는 그게 방송가에서 보고 겪은 일들이었다.

얽힌 실타래를 하나하나 풀어내는 마음으로 글을 썼다. 나와 내 주변의 이야기가 회한으로만 끝나지 않기를 바라는 마음으로. 작은 물음표라도 던질 수 있기를 바라면서.

오늘도 TV 화면에는 아름다운 얼굴들이 나와 사랑과 정의와 다정을 노래한다. 그 아름다운 얼굴들은 회당 수억 원의 개런티를 받고 빌딩으로 재테크를 한다지만, 화면 뒤에는 쓰러지고 사라지고 감춰지는 이들이 있다. 나는 찬란하게 반짝이는 방송계의 이 같은 이면을 말하고 싶었다. 정의를 말하는 곳에서 이뤄지는 부당함을, 다정을 말하는 곳에서 이뤄지는 비정을 논하고 싶었다. 그래서 이 책은 방송이 '원래 그렇다'는 말의 '원래'를 부정하는 이야기들로 채워졌다.

그렇다고 쓰는 내내 현장의 모순과 부조리만 복기한 건 아니다. 내 글을 발견해 주신 홍지애 편집자의 말을 빌려 오면, "온탕과 냉탕을 오가는" 이야기들이고자 했다. (물론 짧은 온탕 경험 이후 긴 냉탕이 기다리고 있지만.) 일을 하며 충만한 행복감을 느꼈던 것도 사실이니까. 내내 꿈결

같기만 한 얘기를 쓰고 싶지도 않았고, 그렇다고 현장을 지옥도로만 묘사하고 싶지도 않았다. 꿈과 현실, 양지와 응달 사이 어디쯤의 이야기로 생각해 주면 좋겠다.

물론 내 이야기가 곧 모두의 이야기는 아닐 것이다. 방송가는 변수가 차고 넘치는 곳이다. 업종도 노동 형태도 복잡다단하다. 정규직과 비정규직, 무기 계약직, 2년 계약직, 프리랜서, 파견직, 인턴, 하도급까지… 셈하기 어려울 정도다. 99%가 프리랜서인 방송작가로만 한정해도 그 안에서조차 일반화가 어렵다. 누군가는 '프리랜서'라는 단어 뜻 그대로 자유롭게 일하는가 하면 다른 누군가는 직원과 똑같이 출근하고 퇴근하는, '프리'하지 않은 프리랜서로 산다. 급여도 마찬가지다. 극소수의 드라마 작가들은 고액 연봉을 받지만, 시사나 교양, 라디오, 뉴스 분야의 비드라마 작가들은 노동량과 비교하면 초라한 수준의 급여를 받는 경우가 흔하다. 드라마 작가는 진정한 의미의 집필가에 가깝지만, 비드라마 작가들은 집필이 수많은 업무 가운데 하나일 뿐이다. 방송가의 노동은 여러 면에서 파편화되고 있다.

이 책은 비드라마 분야 작가들의 이야기를 골자로 쓰였다. 모두의 소리를 다 담아낼 수는 없었기에 비드라마 작가인 내 안에서 나온 말들, 주변의 인물들이 겪은 일화들, 방송가에서 상징적인 인물들의 이야기들로 구성했음을 밝힌다.

방송에 몸담았던 당시 나는 자주 노동 대비 수입의 부조화로 한탄했고, 그런 내 앞에는 며칠째 잠을 제대로 자지 못해 눈 밑 그늘이 짙어진 동갑내기 친구 PD가 있었다. 나는 후려치는 임금에 치를 떨고, 그는 끝도 없는 노동에 치를 떨었다. 그래도 우리는 방송이라는 세계를 뜰 생각은 하지 않았다. 좋아하는 일이니까. 잘 해내고 싶으니까. 이런 사람들의 꿈을 동력 삼아 방송은 굴러간다.

글을 쓰며 알게 된 사실은 이것이 비단 방송 업계만의 문제가 아니라는 거다. 『출판, 노동, 목소리』라는 책을 통해 출판 노동자들이 "수당 없는 야근과 주말, 휴일 근무로 이어지는 장시간 노동"에 시달리고 있다는 걸 알았다. 언론 기사를 보다가도 비슷한 사례를 마주쳤다. 좋아하는 일을

쓰지 못한 단 하나의 오프닝

한다는 이유로 재능기부를 강요당하는 음악인들, 밤에도 불이 꺼지지 않는 등대 같은 회사에서 기계처럼 일하는 게임회사 직원들…. 도처에 꿈을 볼모로 잡힌 사람들이 눈에 들어왔다. 공교롭게도 이런 일들은 이야기와 음악, 볼거리와 읽을거리, 콘텐츠를 만드는 곳에서 더 자주 일어났다.

나는 방송이 부서지기를 바라는 게 아니다. 출판사가 문을 닫고 게임회사가 어려워지는 것을 원하지 않는다. 그저 사람들이 사랑하는 일을 하다 병들거나 사라지지 않기를 바란다. 꿈꾸는 일을 한다는 긍지만으로 착취가 정당화되지 않기를 바란다. 비상식이 업계의 불문율로 통용되지 않기를 바란다. 무엇보다 일하는 모두가 노동자로 존중받기를 바란다. 시청률도, 한류도, 해외 판권도, 베스트셀러도 이 뒤에 왔으면 좋겠다.

말은 이렇게 했지만, 못내 조심스럽다. 내가 내놓은 것들이 편안하고 보드라운 이야기가 아니라서. 표현이 부족해 오해를 사게 될까 봐. 더 깊이 생각했어야 할 부분을 놓쳤을까 봐. 겁이 많고 걱정은 더 많아서 글을 쓰다 자주 멈

칫했는데 그럴 때마다 나는 H가 알려 준 한 편의 시를 떠올렸다.

H와 나는 은유 작가의 글쓰기 수업에서 학인으로 만났다. 수업에서 참가자들은 매주 한 편의 글을 써냈다. 가족부터 연애, 질병에 이르기까지 다양한 이야기들이 쏟아졌다. 수업 7차시에 나는 방송사의 쉬운 해고와 그에 대항하는 약자들의 연대기를 한 편의 글로 썼다. H는 그 글에 "고통에 공감하는 과정을 통해 최악을 최선으로 재해석한 사람들"이라는 과분한 평과 함께 한 편의 시를 남겼다. 정호승 시인의 「국화빵을 굽는 사내」였다.

당신은 눈물을 구울 줄 아는군
눈물로 따끈따끈한 빵을 만들 줄 아는군

여기까지 읽는데 난데없이 눈물이 핑 돌았다. 어렵게 꺼내 놓은 속내를 이해받아서일까, 작고 힘없는 자들의 연대기를 응원받아서일까, 타인의 지지가 목말랐던 걸까. 어쩌면 전부 다였는지도 모르겠다. 이 시를 곁에 두고는, 글

쓰다 갑자기 두려워 손가락이 멈춰 설 때마다 한 번씩 꺼내 보았다. 그리고 다시 썼다. '눈물을 굽는' 마음으로, '눈물로 따끈따끈한 빵을 만드는' 마음으로. 이제 그렇게 구운 이야기들을 당신 앞에 꺼내 놓는다.

3부

**떠난
사람들,
싸우는
사람들**

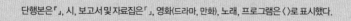

단행본은 『 』, 시, 보고서 및 자료집은 「 」, 영화(드라마, 만화), 노래, 프로그램은 〈 〉로 표시했다.

1부

로망과

노동 사이

첫 생방송의 순간,
가능한 한 오래 이 일을 하고 싶다고 생각했다.
그런데 그 좋아하는 일을 하면서도
나는 자주 번민하고 가끔 항의했다.
'좋아하는 일이니까'라는 말로 눙치고
넘길 수 없는 일들이 생겼다.

많이 걸려 넘어졌다.
어떤 상처는 그냥 밥과 함께 꿀꺽 삼켰지만,
끝까지 삼켜지지 않는 상처도 있었다.
그래도 라디오 작가로 살겠다는 결정을
후회한 적은 한 번도 없다.
좋아하는 일이 이렇게 무섭다.

어느 라디오 키드의
고백

나를 키운 것은 8할이 라디오다.

유희열의 〈올댓 뮤직〉 시그널, Fantastic Plastic Machine의 〈Philter〉를 처음 듣던 순간의 충격은 아웃백 스테이크 하우스에서 부시맨 브레드에 허니버터를 처음 맛보던 순간과 비견된다. "세상에 이런 게 있었어? 왜 나만 몰랐어?" 하고 억울함에 휩싸였던 것이다.

나는 태생이 밤잠 없는 아이였다. 아침에는 몽롱하던

정신이 낮을 지나 밤이 되면 쌩쌩해졌다. 식구들이 다 잠든 밤, 나는 가족이 깨지 않도록 조심조심 카세트 플레이어에 달려 있는 라디오를 켰다. 동그란 다이얼을 이리저리 돌려 주파수를 맞추다 보면 지직거리던 잡음이 사라지고 어느 순간 DJ의 목소리가 들렸다. 그러면 더 이상 혼자가 아니었다.

라디오 키드로 키가 아닌 다크서클을 무럭무럭 키워 가던 시절, 매일 내 세계는 라디오를 통해 확장됐다. 유희열 오빠는 시부야계 음악과 일렉트로닉 음악의 세상을 열어 주었고, 신해철 오빠는 당당하게 생과 마주하는 법을 알려 주었다. 정선희 언니에게 유쾌한 화법을 전수받았고, 이소라 언니에게서 사람을 위로하는 말을 배웠다.

라디오는 도피처가 되기도, 대나무 숲이 되기도 했다. 나는 속 시끄러운 일이 있으면 늘 라디오를 켰다. 친구나 가족에게는 어쩐지 부끄러워서 하지 못하는 이야기도 라디오 DJ에게는 털어놓을 수 있었다. 여기서는 나도 누구 딸 누구가 아니라, '익명을 요청한 청취자'였으니까. 라디오만 있으면 매일이 새로웠다. 전주에 사는 18살의 내게 일어난 시시콜콜한 일을 강원도 동해의 생선가게 아주머니가 듣고 함께 울고 웃어 주었다.

강원도 동해의 생선가게에, 제주도 감귤밭에, 서울의 빌딩숲에 있는 사람들이 나와 같은 주파수를 듣고 있다고 생각하면 기분이 늘 야릇했다. 즐거운 장난을 칠 때는 우리가 작당모의를 하는 악동들 같았고, 내밀한 연애사를 들을 때면 언니 오빠들의 고민상담 자리에 슬그머니 끼어 앉아 있는 것 같았다. 그렇게 하나의 프로그램을 수개월 듣다 보면 그것은 어느덧 방송이 아니라 일상이 되었다. DJ도, PD도, 작가도, 심지어 청취자도 다 동네 언니 오빠 동생처럼 느껴졌다.

내 음악 취향의 뼈대를 만든 것도 라디오다. 특히 밤 시간대 프로그램에 걸린 선곡이 알짜였는데, 잠을 헌납하고 라디오를 듣다 보면 평소엔 접할 수 없었던 보사노바나 재즈힙합을 들을 수 있었다. 그런 음악을 들을 때면 나는 숨을 죽이고 노트와 펜을 준비했다. 노래가 끝나고 DJ가 다시 한 번 곡명을 언급해 주길 기다리면서. 여전히 즐겨 듣는 〈The Girl from Ipanema〉도 그 시절 라디오가 알려 준 선물이었다.

라디오 선곡표로 습득한 음악 취향은 의외의 상황에서 쓸모가 있었다. 20대 한창 연애하던 시절에 나는 라디오 속 노래들을 요긴하게 써먹었다. 서로 간질간질한 호감을 품은 상대에게 "같이 들을래?" 하며 이어폰 한쪽을 빼몬도 그로소의 〈1974 way home〉을 재생시키면 십중팔구… 아무튼 반응이 좋았다고만 해 두겠다. 그렇게 라디오 키드는 자라서 라디오에서 들었던 노래로 이성을 꼬드기는 라디오 어덜트가 되었다.

가끔 이런 질문을 듣는다. 요즘처럼 TV 프로그램도 2~3분짜리 하이라이트 영상으로 보는 시대에 라디오가 지속 가능하겠냐고. 나 역시 예전에는 우리 또래가 라디오 키드의 마지막 세대쯤이 아닐까 생각도 했었다. 하지만 요새는 좀 달리 생각하게 됐다. 그 어느 때보다 '양방향'이 중요해진 시대, 사실 라디오는 수십 년 전부터 방송-청취자 양자 간 소통을 해 오고 있었다. 80년대에는 이문세 오빠에게 엽서를 보내면 피드백이 왔고, 2021년에는 옥상달빛 언니들에게 문자를 보내면 피드백이 온다. 라디오야말로 우체국 시절부터 SNS 시대에 이르기까지 한결같이 '소통'이라는 화두 아래서 자라 온 매체다. 이 큰 재미를 세상이 이제야 알아차린 거다. 라디오 키드들은 다 알고 있었는데!

사람들이 소통을 하는 한 우리가 사랑하는 이 낡고 찬란한 세계는 사라지지 않는다. 세상에 밤과 라디오가 존재하는 한 낭만이 영원한 것처럼.

저 건너의
사람들

'혼밥'(혼자 밥 먹기)이나 '혼영'(혼자 영화보기)이라는 단어가 생기기 전부터 나는 홀로 하는 모든 일에 능했다. 여행도, 카페도 홀로 홀가분하게 다니곤 했다. 생각해 보면 어려서부터 그랬다. 맞벌이 가정의 첫째라서 집에 있는 대부분을 혼자거나 동생과 둘이 보냈지만 그게 괴롭지는 않았다. 혼자가 익숙하고 편한 성정이라 그랬을 것이다.

그런 내게도 가끔은 '혼자 있고 싶은데 외로운 건 싫

은 상태'가 찾아오곤 했다. 아무렇지 않게 들어오던 빈집도 그런 날엔 왜 그렇게 썰렁하게 느껴지던지. 바닥은 왜 또 그리 선득하던지. 그럴 때 나는 과자 한 봉지를 꺼내 들고 라디오를 켰다. 라디오를 켜기만 하면 동시간대를 살고 있는 청취자들과 교류할 수 있었다. DJ가 읽어 주는 사연을 들으며 감자칩을 와삭거리면 교감의 허기가 진정되곤 했다.

라디오는 풍덩 빠지기보다는 은근히 스며드는 매력이 있다. 나 역시 처음에는 유희열 오빠의 허튼소리 같지만 묘하게 수긍되는 화법에 빠졌다가, 애시드 재즈나 보사노바를 들어 보고는 귀가 트여 선곡에 정신이 팔렸다가, 마지막에는 라디오 원고에 마음을 빼앗겼다. 어려서부터 글 끄적이는 걸 좋아했기에 당연한 수순이었는지도 모르겠다.

특히 내가 가장 좋아했던 건 1분, 길어야 2분짜리 오프닝이었다. 시그널이 흐르고 오프닝이 나오는 그 짧은 순간, 마음에 잔물결이 일었다. 라디오 오프닝은 날씨나 계절 같은 사사로운 이야기도 사소하지 않게 만드는 힘이 있었다. 거기엔 글을 쓰는 사람의 사유가 작용했을 터였다.

쓰지 못한 단 하나의 오프닝

나는 점차 라디오 작가들에게 인간적인 호기심이 생겼다. 이런 글을 써내는 사람은 어떤 사람일까. 어떤 말투를 쓰고 어떤 걸 좋아할까.

라디오는 생방송이 원칙이라서 듣다 보면 현장감이 있었다. 가끔 DJ가 작가나 PD를 언급하는 때가 있었는데, 그러면 나는 하던 일을 멈추고 귀를 기울였다. DJ는 손사래 치는 작가를 불러다 궁금해하는 청취자들에게 목소리를 들려주기도 했다. 물론 라디오 작가들은 말하는 사람이 아니라 쓰는 사람이어서 화려한 달변가는 거의 없었다. 대부분은 열없게 웃거나 조용한 목소리로 짧게 이야기를 들려주고는 서둘러 마이크를 다시 DJ에게 넘겼다. 그렇게 한 번씩 작가들 목소리가 방송에 나올 때면 상상 속 인물에 입체감이 생겼다. 나는 목소리와 글만으로 라디오 작가의 일상을 추측했다. 낮은 음성을 들으면, 그녀가 무채색 옷을 즐겨 입을 것 같다거나 가을을 좋아할 것 같다거나 하는 식으로(보이는 라디오가 생기기 전의 이야기다).

가끔 눈물 나게 웃긴 사연을 읽다가 DJ가 박장대소를 터뜨릴 때면 주변 스태프들의 웃음소리가 내 귀까지 들어

왔다. 그러면 함께 웃다가 슬그머니 스튜디오 안의 사람들이 부러워졌다. 이런 직장생활이라면 얼마나 행복할까. 좋아하는 라디오 부스 안에서 쓰고 싶은 글을 쓰고, 마음 맞는 사람들과 방송을 만드는 게 업이라니. 자신이 쓴 원고로 주파수 너머의 사람들과 교감하다니. 이 얼마나 이상적인 직업인지.

그때 나는 '라디오 작가'라는 직업을 보고 싶은 대로만 봤다. 급여가 얼마인지, 어느 나이까지 일을 할 수 있는지, 어떤 과정을 거쳐야 하는지는 하나도 모르면서 무턱대고 동경했다. 라디오 작가를 향한 환상은 〈이소라의 FM음악도시〉 이미나 작가가 2003년에 펴낸 책, 『그 남자 그 여자』를 보고 정점을 찍었다. 음악도시 동명의 코너 원고를 묶고 다듬어 펴낸 책이었는데, 대학 신입생이던 나는 신선한 충격을 받았다. 라디오 원고를 쓰는 것도 대단한데 그 원고를 토대로 책까지 출판하다니. 이거야말로 진정한 '쓰는 삶'이 아닐까 하며 환상에 젖었다. 방송작가라는 세계가 그저 꽃밭이기만 한 게 아니거늘, 허허벌판에 핀 꽃 몇 송이를 보고는 "이 정원은 정말 아름답네!" 하는 꼴이었다.

비전도 없으면서 되고 싶은 건 많았던 나는 남몰래 마음속 '미래의 직업' 리스트에 라디오 작가를 올렸다. 이룰 가능성은 극히 낮지만 막연히 동경하는 일들을 적어 둔 비밀 목록이었다. 물론 라디오 작가가 리스트에 기록된 유일한 직업은 아니었다. 거기엔 칵테일바 사장, 게스트하우스 운영자, 서점 주인, 여행 작가, 부유한 한량처럼 내 처지에서는 현실성 없는 직종이 여럿 적혀 있었다.

한동안은 마음속 리스트를 들여다보고, 작가가 되어 있는 내 모습을 상상도 해 보곤 했지만 길게 가지는 못했다. 대학 졸업반이 되고 당장 다음 달의 월세를 걱정하게 되면서 이 리스트는 망각의 영역으로 밀려났다. 사무직으로 취업한 뒤에는 더 이상 방송작가라는 일에 관심을 둘 여력이 없었다. 라디오 오프닝을 쓰고 글을 빚는 이들은 내가 관계할 수 없는, 저 건너의 사람들이라고 생각하기로 했다.

그래도 라디오는 자주 들었다. 왁자한 술자리를 파하고 자취방에 도착해 문을 열면 습한 곰팡이 냄새가 기다리고 있을 때, 밤이 유독 괴괴하게 느껴질 때, 낯선 도시 안에서 돈 벌며 사는 게 특히 더 고단하게 느껴질 때, 습관처럼 라디오를 켰다. 그러면 적막은 라디오에서 흘러나오는 소리에 자리를 내어주고 사라졌다. 유독 힘든 날에는 라디오를 작게 켜 두고 세상의 온갖 이야기와 노래를 들으며 잠을 청했다. 내겐 그게 하루를 마무리하는 완벽한 방법 가운데 하나였다.

쓰지 못한 단 하나의 오프닝

박완서와 김칠두도
걸었던 그 길

지름길의 반대말이 있나 하고 사전을 검색했더니 '에움길'이라는 단어가 나온다. 에워서 돌아가는 길, 에움길. 나는 하고자 하는 일을 위해 생의 에움길을 걸어 본 사람을 좋아한다. 명민한 문체로 큰 사랑을 받은 박완서 작가는 전업주부로 30대를 보내고 마흔에 등단했다. 사자처럼 은발을 휘날리는 시니어 모델 김칠두는 20년 넘게 순대국밥집을 하다가 64세에 데뷔했다. 나는 이런 사람들의 이야기가 너무 좋은 나머지 따로 기억의 챕터에 모아 둔다. 언제고 꺼내 볼 수 있도록.

　내 생의 지름길과 에움길이 갈라지는 지점은 고등학교 3학년에 있었다. 늘 글쓰기를 좋아했지만 고3 갈림길에서 작가가 아니라 도서관을 택했다. 문예창작학과와 문헌정보학과 합격증을 각각 한쪽 손에 들고 저울질하다 문헌정보학과에 입학 등록한 것이다. '글쟁이 배 곪는다'는 부모의 만류가 절반, 그리고 '책 쓰는 사람이 아니라 책 보는 사람으로 살면 되지'라는 얄팍한 마음 절반으로 한 선택이었다.

　문헌정보학과는 데이터와 정보조직부터 시작해서 도서관 마케팅과 운영까지 배우는 전문적인 학과다. 나처럼 안일한 마음으로 입학하는 것은 사서를 꿈꾸는 사람들에게 실례라는 걸 1학년 1학기 첫 수업에 들어간 순간부터 알 수 있었다. 그저 유유자적 책 보는 사람이 되고 싶었다면 도서관학과를 입학할 것이 아니라 매주 복권을 샀어야 했다. 그런데 난 복권을 사느니 당장 먹을 수 있는 귤 3천 원어치를 사는 사람이다. 결국 대학생활 내내 몸은 '데이터프로그래밍' 같은 수업에 두고 혼은 학교 앞 주점을 배회하며 보냈다. 그나마 2학년 2학기부터 간신히 국문학을 복수전공 하면서 어찌어찌 졸업은 할 수 있었다.

대학교 졸업 후에는 생계가 급했다. 대학의 행정실에서 직장생활을 시작해 학교의 사서가 되었다가 다시 다른 대학의 행정실로 자리를 옮겼다. 매일 서류를 수합하고 결재문서를 쓰고 고치는 것으로 방값을 내고 카드 대금을 치렀다.

사무직 노동자로 살던 시절에는 한 글자도 쓰지 않고 몇 개월을 보내는 일이 허다했다. 분명 착실한 직장인으로 살고 있는데도 한 번씩 걷잡을 수 없게 마음이 허했다. 나름 '커리어'에 도움이 될까 싶어 월급을 바쳐 가며 관광경영을 배우는 특수대학원에 진학했지만, 그 역시 임시방편일 뿐이었다. 그렇게 20대를 돈 벌고 고민을 하며 흘려보냈다.

서른이 되면서는 굵직한 일들이 연이어 일어났다. 애인이던 B와 결혼을 했다. 그리고 곧바로 제주도에 정착했다. B는 발령받은 직장인으로, 나는 백수로 제주에 내려갔다. 제주에서 새롭게 직장을 구해야 했는데 관광경영을 배웠으니 제주의 관광업에 도전해야 하나, 아니면 대학의 행정직을 다시 노려야 하나 고민이 깊었다. 매일 구직 사이트를 보며 한숨짓던 나에게 B가 말했다. "왜 지난 경력만 가지고 구직을 하는 거야? 어차피 넌 제주에서 새로 시작하는 거잖아."

그 말 한마디에 희한한 용기가 생겼다. 구직 사이트에서 생전 클릭해 본 적도 없는 카테고리를 누르기 시작했다. 방송, 작가, 라디오, 기자…. 라디오 작가가 되고 싶었지만 공고가 나지 않아 원고를 쓰거나 기사를 쓰는 범주의 직군을 모조리 훑기 시작했다. 몇 차례 면접을 보았고, 한 인터넷신문사의 기자로 합격했다.

막 기자가 되었을 무렵, 다른 회사에서 일하던 기자 선배가 내게 물었다. "왜 기자가 되고 싶었어?" 나는 "쓰는 사람으로 살고 싶어서요"라고 답했다. 그러자 선배는 "기자가 쓰는 직업은 아닌데…" 하며 고개를 갸웃했다. 얼마 지나지 않아 나는 그가 한 말의 의미를 할 수 있었다. 기자는 비판하고 탐구하고 듣는 자리이지 쓰기가 목적인 직업은 아니었다. 1년을 겨우 버티다 이 길은 내 길이 아니라는 것만 절절하게 느끼고 퇴사했다. 이후 다시 구직 사이트를 방랑했지만 라디오 작가 공고는 나지 않았고, 결국 한 스타트업 회사의 홍보팀에 지원했다. 면접 보는 내내 느낌이 괜찮더니 합격 연락이 왔다.

합격 연락을 받고 며칠 뒤, 청소기를 돌리는데 모르는 번호로 연락이 왔다. "여기 XXX 방송국입니다. 시사 라디오 작가를 뽑고 있습니다. 기자 경력이 좀 있는 분을 찾고 있습니다. 추천을 받아 연락드립니다." 혹시 피싱이 아닌가 싶었는데 대화 내용이 구체적이었다. 심장이 요동치기 시작했다. 나는 애써 차분하게 "30분 뒤에 연락드려도 될까요?" 하고 전화를 끊었다.

내 인생 가장 숨 막히는 30분이었다. 그렇게 찾을 때는 없더니만 스타트업 회사 홍보팀에 합격하고 나니 짠 하고 나타나는 '라디오 작가'의 길이라니. 나는 청소기를 내려놓지도 못하고 발만 구르다가 B에게 도움을 요청했다. B는 홍보팀 합격을 알리던 심드렁한 내 모습과 라디오 작가(가 될지도 모른다는) 소식을 속사포처럼 전하는 내 모습의 온도차가 극명하다는 것을 짚었다. B는 대체로 실없지만 가끔 예리하다. 결국 나는 30분 뒤 방송국 관계자에게 전화를 걸어 면접 약속을 잡았다. 에움길이 끝나 가고 있었다.

쓰지 못한 단 하나의 오프닝

라디오 작가의
코어 메모리

픽사 영화 〈인사이드 아웃〉에는 '코어 메모리'라는 개념이 나온다. 코어 메모리는 잊을 수 없는 강렬한 기억(그것이 기쁨이든, 안타까움이든)을 의미하는데, 10대 소녀 주인공 라일리는 부모님과 행복하게 스케이팅한 것과 하키 대회에서 승리의 주역이 되었던 일들을 코어 메모리로 가지고 있다. 참고로 코어 메모리는 영화 전개의 중요한 소재가 된다.

픽사는 늘 쉽게 휘발되지 않는 이야기를 만들어 낸다. 내게 영화는 두 종류로 나뉜다. 보는 동안에는 즐겁지만 영화관을 나오면서 상쾌하게 줄거리 대부분을 까먹는 영화가 있고, 여운이 남아 두고두고 반추하게 되는 영화가 있다. 마틴 스코세이지 감독은 그걸 '무비냐 시네마냐'라고도 했다던데 그렇다면 내게 〈인사이드 아웃〉은 '시네마'였다고 이야기할 수 있겠다.

좋은 영화를 본 뒤 나누는 대화는 맛있는 후식과 같다. 나는 영화를 보고 나서 동행과 이야길 나누며 여운을 음미하는 걸 좋아한다. 혼자 영화를 봤다면 영화 평점 애플리케이션에라도 접속해서 익명의 타인과 감상을 나눈다. 영화 인사이드 아웃은 배우자인 B와 함께였다. 우리는 영화를 보고 나온 뒤 각자의 '코어 메모리'를 이야기했다. B는 나와 만나게 된 것을 인생의 코어 메모리 가운데 하나로 손꼽았다. 처세에 능한 남자와 살고 있다.

내 차례가 됐다. "30대에 만든 코어 메모리가 뭐야?" 그 질문을 듣는데 자연스럽게 눈앞에 라디오 부스가 그려진다. 방송 온에어 버튼에 불이 들어오던 2014년의 가을.

사서부터 대학의 행정직원을 지나 2014년 서른한 살에 한 방송국 지역사의 라디오 작가가 되었다. 첫 출근 날부터 긴장할 틈도 없었다. 매일 진행되는 시사 라디오 프로그램은 그날그날 출연자 섭외를 해야 했기 때문이다. 모든 과정이 손에 익지 않아 부산하기만 하고 시간이 오래 걸렸다. 간신히 준비를 끝내니 방송 스탠바이를 할 시간이었다. 그제야 주변을 볼 틈이 생겼다. 눈앞의 라디오 부스에는 진행자 겸 연출자 선배가 입을 풀며 대기하고 있었고, 옆에는 엔지니어 선배와 방송 전체 흐름을 봐 줄 선배가 앉아 있었다. 세 명 모두 여유로워 보였다. 나는 먹은 것도 없는데 자꾸 입이 말라 마른침을 삼켰다.

　　생방송 5초 전, "지금 시각은 오후 6시 5분입니다." 아나운서의 또렷한 목소리가 귀에 박혔다. 스탠바이… 5, 4, 3, 2, 1. 라디오 부스 위 잠자던 온에어 버튼에 불이 들어왔다. 오프닝 시그널이 잠시 흐르고 마이크가 올라갔다. 진행자가 입을 열었다. 그 순간, 글이 말이 되어 생동했다. 내가 쓴 오프닝 멘트가 주파수를 타고 세상 어딘가에 닿다니 손에 땀이 솟았다. 경이롭고 두려웠다. 오늘을 기점으로 내 인생의 많은 부분이 바뀌게 되리라는 아득한 예감이 들었다.

업무는 점차 익숙해졌지만 모든 준비를 끝내고 온에어 버튼이 켜지는 순간이면 늘 숨을 죽였다. 택시 안에서, 시장에서, 퇴근 준비를 하며, 혹은 아이를 돌보며 듣고 있을 누군가를 떠올렸다. 매일 방송이 끝나고 난 뒤에는 맥이 풀리고 허기가 몰려왔다. 좋아서 하는 일에는 몸과 마음을 쓰는 게 아깝지 않다는 걸 배웠다.

아직도 가끔 방송 첫날, 온에어 버튼을 바라보며 가슴 떨려하던 시간을 떠올린다. 내 '코어 메모리'가 하나 생기던 바로 그 순간이. 밥벌이의 괴로움과는 별개로 오래 간직할 기억이다.

우아한 글쓰기의
허상

라디오 작가로 이직한 후 내심 기대했다. 방송작가가 되고 나면 어릴 적 꿈꾸던 '쓰는 삶'에 가까워지지 않을까. 일을 해 보고 깨달았다. 반만 맞는 얘기였다.

내가 출근하게 된 방송사 2층의 편성제작국 왼쪽 구석에는 책상 열세 개 정도가 서로 등지게 배치된 구역이 있었다. 그중 다섯 개가 라디오 작가들에게 배정됐다. 내 자리는 정가운데였다. 첫 정식 출근일, 나는 챙겨 온 머그컵과 칫솔 따위를 책상 위에 정리하며 주변을 살폈다. TV 선배 작가들도, 라디오 선배 작가들도 각자의 이유로 부산해 보였다. 어디론가 바삐 전화를 돌리는 이가 있는가 하면 영상을 구간 반복하며 뭔가를 찾는 이도 있었다. 어딜 봐도 '우아한 글쓰기'를 하고 있는 작가는 보이지 않았다.

선배들과 인사를 나눈 뒤 나도 바로 업무를 시작했다. 정식 근무 전 일주일 동안 하루에 여섯 시간씩 인수인계를 받았기에 바로 실전에 투입될 수 있었다. 제작자 선배와 아이템을 논의한 뒤 섭외를 시작했다. 한 번, 두 번, 세 번… 통화 횟수가 쌓일수록 목소리가 칼칼해지더니 탁성이 나왔다. 며칠 지나지 않아 알 수 있었다. 방송작가는 작가보다 방송에 방점이 찍힌 일을 하는 사람들이라는 걸. 원고를 쓰는 일은 업무의 일부였고, 자료 조사와 섭외, 취재에도 그만큼의 공력을 들여야 했다. 거기에 자잘한 행정 업무까지 더하면 노동의 영역이 더 확장됐다. 당시 시사 프로그램을 맡았던 나는 상대적으로 잡무에서 자유로운 편이었지만, 다른 프로그램을 하던 작가 선배들은 상품 대장 관리 같은 잔업도 직접 했다.

출근 첫 주였던 것으로 기억한다. 한 작가 선배가 회의용 넓은 테이블 앞에 혼자 앉아서 종이를 만지작대고 있었다. 뭔가 싶어 가까이 갔더니 그녀가 열심히 봉투를 풀로 붙이고 있었다. 머릿속에서 '파삭' 하는 소리와 함께 환상이 깨졌다. 참고로 그 선배는 라디오부터 TV 프로그램의 선곡, 다큐멘터리, 행사까지 소화해 내는 '올라운드 플레이어'였다. 그런 그녀도 잡무에서 자유로울 수 없었다. 선배는 만능 인재답게 봉투에 풀도 신속하게 발랐다. 착착 쌓여 가는 봉투를 보며 나는 그녀의 빠른 손에 감탄했다.

유능한 선배가 내 눈앞에서 봉투에 풀 붙이는 모습을 보고 나니 인정할 수밖에 없었다. 내가 상상하던 방송작가의 우아한 업무는 허상에 불과했다는 걸. 일찌감치 일에 대한 환상을 깨고 나니 오히려 편했다. 나는 어떤 업무가 떨어져도 크게 놀라지 않았다.

당시 내가 일하던 프로그램에서는 방송 중간에 짧게 그날의 생활문화정보 코너가 진행됐다. 작가인 내가 원고를 쓰면 리포터 선배가 스튜디오에 가서 녹음한 뒤 그 음성 파일을 생방송 도중 중간광고 직후에 송출하는 방식이었다. 하루는 제작자 선배가 내 자리로 오더니 착잡한 표정으로 말을 꺼냈다. "아무래도 제작비 때문에 말이야. 기존 리포터 대신 네가 생활문화정보 녹음을 해야 될 것 같다."

　제작비가 부족해서 작가인 내가 무급으로 생활문화정보 코너 리포터가 되어 목소리 출연을 해야 한다는 이야기였다. 나는 심각하게 제작자 선배에게 물었다. "제가 하는 건 문제가 되지 않는데… 듣는 분들이 괴롭지 않을까요?" 순도 100%의 진심이었다. 나는 스피치라고는 1분도 배워 본 적이 없고 말하는 속도도 느린 편이다. 방송에 폐가 될 것 같아 두려웠다. 하지만 정신을 차리고 보니 녹음실 안에 나 홀로 덩그러니 남아 있었다. 그래서 그날부터 나는 짧은 코너의 리포터가 됐다. 발성도 호흡도 엉망진창에 스피치라고는 한 번도 배운 적이 없지만 그냥, 했다. 가끔 동갑내기 여자 아나운서가 녹음본을 듣고 짧게 조언을 해 줬다. 말끝을 길게 늘이지 말라든가, 단어마다 힘 줄 필요는 없다든가. 그게 그렇게 고마울 수 없었다. 내가 생활문화정보를 1년 넘게 녹음하며 받은 유일한 코칭이었다.

첫 방송국에서는 2년을 일했다. 동거인인 B에게 일이 생겨 수도권으로 이사를 해야 하지 않았더라면 더 오래 일했을 것이다. 짧다면 짧은 2년 동안 프로그램 안에서 내게 떨어지는 일은 마다하지 않고 다 했다. 시그널 음악을 찾으라면 음원 사이트를 뒤져 찾고, 특집이 잡히면 기획안을 써서 내밀었다. 목소리를 녹음하라고 하면 하고, 고정 게스트를 물색하라고 하면 찾아냈다. 내가 보고 겪은 방송작가는 집필자인 동시에 자료 조사원이자 취재 담당자이며 행정 보조원이었다.

후에 책자를 읽다 알게 된 사실이지만 유독 우리나라의 방송작가 업무 영역이 광범위한 것이었다. 「방송작가 노동환경 개선을 위한 가이드 맵 ─ 선영이를 부탁해」에 따르면 "미국은 PD, 편집 전문 에디터, 취재 담당 저널리스트, 전문 리서처 등이 철저히 분업화"되었으나 "우리나라는 그 일을 PD와 작가가 모두 소화해야 하는 구조라서 한 사람이 여러 명의 몫을 해야 하는 열악한 업무 환경"에 처해 있었다. 이 대목을 읽는데 머릿속 퍼즐 한 조각이 맞춰지는 기분이었다. 그래서 작가들이 그토록 종종거리며 일을 하는 거였구나.

봉투에 풀을 붙이던 작가 선배가 한번은 이런 얘길 했었다. "방송사에서 코끼리를 냉장고에 넣는 방법 혹시 알아? 정답은 작가에게 맡기면 된다!" 이런 딱 들어맞는 풍자를 봤나. 그녀의 농담이 너무 정확해서 나는 마냥 웃을 수가 없었다.

유일한 복지는
바다

제주에 살던 시절, 육지에 사는 누군가와 얘길 나눌 때 내가 '제주'에서 '방송작가'를 한다고 하면 십중팔구 상대방은 경탄했다. "그 좋은 제주에서 그 좋은 일을 하시다니요. 정말 부럽습니다." 나는 달리 할 말을 찾지 못해 그냥 웃었다. 웃고 나면 가루약을 삼킨 것처럼 입이 썼다.

상대가 완전히 틀린 말을 했던 건 아니다. 나는 지금도 제주에서 살아 볼 수 있었던 걸 생의 축복으로 여긴다. 언제든 기회가 닿으면 다시 돌아가 살고 싶다. 살아 보니 알 겠다. 제주는 다른 지명으로 대체될 수 없는 장소다. 그곳 에서 고작 4년을 산 이방인이지만 나는 아직도 실향민처 럼 제주를 그린다. 제주가 아니었다면 수평선을 보며 출근 하는 일은 상상도 하지 못했을 거다.

나는 방송국으로 출근하는 드라이브 코스를 사랑했다. 큰 사거리를 지나 좌회전을 하면 그때부터는 차 앞 유리에 바다가 가득했다. 눈높이까지 오는 수평선에 가슴이 둥실 거렸다. 눈앞까지는 바다가, 그 위부터는 하늘이 마크 로 스코의 그림처럼 내 시야를 이등분했다. 출근길에 바다를 보며 달리는 시간만큼은 나도 순하게 행복했다.

일터에서도 바다가 보였다. 내가 일하던 지역사 방송 국은 바닷가에서 멀지 않았는데, 3층에만 올라가도 바다 의 끝자락을 볼 수 있었다. 2층 내 자리에서 원고를 쓰다 글이 막히면 라디오 생방송 부스와 녹음 스튜디오가 있는 3층으로 올라갔다. 나는 불 꺼진 스튜디오에 들어가 그날 의 바닷빛을 가만히 감상했다. 물색을 보며 잠시 숨을 고 르고 나면 2층으로 내려가 다음 문단을 쓸 수 있었다. 방송사는 '출근하는 프리랜서'인 내게 어떤 복지도 허용하지 않았지만, 제주가 내게 바다라는 복지를 허락했다. 방송 원고의 일부는 바다에 기대어 썼다고 해도 과언이 아닐 것이다.

그런데 '그 좋은 제주에서 그 좋은 일'을 하면서 나는 자주 위통에 시달렸다. 매일 방송되는 시사 라디오 프로그램을 하다 보면 섭외를 자주 거절당하는데, 어떤 때는 하루에도 수십 통의 전화를 돌려야 했다. 섭외를 마치기 전까지는 식사를 할 여력이 없었다. 제작자 선배는 마음을 편하게 먹으라고 했지만 섭외가 늦어지면 작가가 할 일들이 줄줄이 밀렸다. 인터뷰지 작성부터 오프닝 원고까지, 대부분의 일들이 섭외 이후에 가능한 것들이었다. 따라서 섭외가 늦어지면 방송 직전까지 마음을 졸이며 원고에 매달려야 했다. 시간에 쫓겨 쓰면 원고에 오탈자를 내거나 실수할 확률도 올라갔다. 그렇다 보니 내겐 식사를 거르는 것보다 섭외가 늦어지는 게 더 힘든 일이었다.

방송가에 잠언처럼 떠도는 이야기 가운데 '어떻게든 방송은 나간다'는 말이 있다. 섭외한 대상이 갑자기 연락을 끊고 잠적해도, 방송 게스트가 늦어도, 심지어는 방송 사고가 나도 어떻게든 방송은 송출된다. 급하게 대타를 구할지언정 어떻게든 방송은 나간다. 그래도 가능하면 그 '어떻게든'을 만들고 싶지 않았다. 나는 만약의 경우를 대비해 섭외 대상자들과 수시로 연락을 주고받았다. 방송 한 시간 전에도, 오 분 전에도 전화를 돌렸다.

다행스럽게도 2년 남짓 시사 라디오 프로그램 작가로 사는 동안 인터뷰이가 돌연 잠적한 경우는 딱 한 번뿐이었다. 방송 한 시간 전부터 인터뷰이와 연락이 되지 않았다. 전화를 수십 번 해도 답이 없었다. 반은 우는 상태로 급하게 새로운 인터뷰이를 찾느라 이곳저곳에 연락하고, 사정을 설명하고, 죄송하다고 양해를 구하고, 인터뷰 허락을 받고, 인터뷰 질문지를 작성했다. 방송 10분 전에 인터뷰지 작성이 끝났다. 진행자와 섭외 대상자에게 원고를 보냈다. 손을 벌벌 떨며 라디오 부스 앞에 앉으니 방송 2분 전이었다. 방송은 무사히 나갔다. 수명이 1년은 깎인 기분이었다.

밥을 섭외 뒤로 미룬 건, 이런 상황을 최대한 피하기

위해서였다. 그날 섭외 성공 시간에 따라 점심 식사 시간이 결정됐다. 하루는 열두 시에 밥을 먹고, 다음 날은 두 시에 먹고, 그다음 날에는 한시 반에 먹는 식이었다. 어느 날부턴가 명치 인근에 찔리는 것처럼 날카로운 통증이 찾아왔다. 나는 편성제작국 안쪽 구석의 내 책상 위에 위통 약을 올려 두기 시작했다.

나도 안다. 다이나믹 듀오의 노래 〈고백〉의 가사처럼 '위통 약을 내 생활필수품'으로 만든 건 다른 누구도 아닌 나라는 걸. 변명하자면 주체성을 갖고 일하고 싶었다. 누가 시키지 않아도, 아무도 알아주지 않아도 내가 나를 일의 중심에 세우고 싶었다. 급여가 적어도, 복지가 없어도 나는 내 일을 하고 있었으니까.

그것은 1.5초가 갖는 무게감이었다. 라디오 프로그램을 끝낼 시간이 되면 DJ는 엔딩 멘트를 한다. 멘트 마지막에 제작자와 구성 작가의 이름을 언급하는 프로그램도, 그렇지 않은 프로그램도 있다. 당시 내가 몸담은 프로그램은 PD와 작가의 이름을 언급한 뒤 그날 방송을 마무리했다. DJ가 "구성에 이은혜였습니다" 하고 말하는 데 걸리는 시간, 내 이름이 온에어 되는 시간은 1.5초 남짓이었다. 그 1.5초를 초라하지 않은 얼굴로 맞이하고 싶었다.

그런데 그렇게 위통에 시달리며 어떻게든 방송을 무사히 마쳐도 나 자신이 초라하게 느껴지는 순간이 있었다. 매월 10일이었다. 매월 10일, 급여일이면 나는 스스로가 한없이 작게 느껴졌다. 첫 급여가 입금된 날을 아직도 기억한다. 통장에 찍힌 숫자는 1,250,000. 숫자를 한참 들여다보았다. 어디서부터 잘못된 걸까 고민하기 시작했다. 아무리 계산기를 두드려 봐도 먹고, 자고, 입는 데 턱없이 부족했다. 제작자는 제작자의 위치에서, 작가인 나는 작가의 위치에서 서로 각자의 일을 맡아 했다고 생각했는데 통장에 찍힌 숫자는 다른 얘길 했다. 금액만 놓고 보자면 나는 잉여인력이어야 했다. 어쩔 수 없이 나는 매월 10일 즈음이면 칙칙한 얼굴로 방송국 2층을 유령처럼 배회했다. 나는 잉여인가 아닌가, 이곳은 내가 필요한가 아닌가, 나는 내 노동력과 급여 사이의 괴리를 언제쯤 인정할 수 있을 것인가 고뇌하면서.

지역사의 신입 라디오 작가는 120여만 원을 받는다든

쓰지 못한 단 하나의 오프닝

가, 매일 출근은 해야 하지만 병가와 산재가 없다든가 하는 건 잘 알려지지 않은 얘기다. 방송가 프리랜서의 처우가 세상에 드러나지 않은 데는 여러 이유가 있겠으나 나는 '창피해서 설'을 밀고 있다. 21세기라고 믿기 힘들 정도로 극악의 급여와 환경을 제공하는 방송사는 창피해서, 그걸 받아야 하는 프리랜서들은 자존심이 상해서 이런 이야기를 잘 공개하지 않는다. 그러니 내가 "제주에서 방송작가 일을 했습니다" 하고 소개를 하면 바깥세상 사람들은 눈을 반짝이며 이런 얘길 하는 거다. "그 좋은 제주에서 그좋은 일을 하시다니!"

이제 나는 말없이 쓰게 웃는 대신 또렷하게 말하는 연습을 한다. 바다를 보며 일하는 행운을 누렸고, 방송을 만드는 일이 행복했노라고. 그렇지만 내 노동이 평가 절하되는 일에는 끝까지 익숙해지지 않았다고. 일의 기쁨으로 가슴이 부풀다가도 급여의 슬픔으로 마음이 쪼그라들었다고. 그런 일이 내 일이었다고. 그래서 그때를 떠올리면 좋으면서도 괴롭고, 애틋하면서도 지겹고, 그리우면서도 잊고 싶다고.

마냥 응원할 수
없는 마음

방송작가가 되고 나서 하루 대부분은 타인을 생각하며 살았다. 데일리 시사 라디오 프로그램을 하던 때에는 매일 인터뷰할 상대를 그날그날 섭외했다. 섭외에 성공하면 그때부터 인터뷰 상대를 내 머릿속 1인용 소파에 앉혔다. 어느 날에는 논란의 중심인 정치인이 앉고, 다른 날에는 무분별한 개발을 비판하는 활동가가 앉았다. 내 '생각 소파'에는 많은 사람이 다녀갔다. 시인도, 소설가도, 환경

쓰지 못한 단 하나의 오프닝

운동가도 피할 수 없었다. 나는 그곳에 상대방을 앉힌 뒤 궁금한 것들을 물었다. 그렇게 상상 속 상대방에게 질문을 이어 가다 보면 인터뷰 원고를 완성할 수 있었다.

질문지를 완성한 뒤에는 하루 이슈를 빠르게 훑었다. 그날 발생한 일 가운데 한 가지를 선택해서 오프닝 원고를 쓰기 시작했다. 오프닝을 쓸 때는 DJ를 떠올렸다. 라디오 작가는 글이 아닌 말을 쓰는 사람이다. 원고를 쓸 때면 진행자의 느낌과 결, 목소리까지 생각하며 적게 된다. 음악 프로그램의 경우에도 마찬가지였다. 오프닝을 쓸 때면 DJ를 생각했고, 인터뷰 질문지를 구성할 때에는 출연자의 삶을 복기했다. 타인을 향한 궁금증과 호기심이 방송작가의 덕목이었다.

작가로 살면서 적게 계산해도 수백 번 인터뷰 대상을 섭외했다. 카메라나 마이크 앞에 서지 않는 방송 노동자들이 다 그렇듯 나 역시 어딘가 나설 일이 없는 사람이었다. 질문을 하는 사람이지 받는 사람이 아니었고, 인터뷰를 요청하는 사람이지 요청받는 사람이 아니었다. 딱 한 번 빼고는.

시사 프로그램의 작가로 일한 지 2년째였다. 여느 때와 다름없이 이메일로 질문지를 발송하고 나니 받은 메일함에 숫자 1이 떠 있었다. '이렇게 빨리 답장이 올 리는 없는데…' 하며 메일을 클릭했다. 이메일 본문에 "인터뷰 요청"이라는 글귀가 보였다. 나는 반사적으로 보낸 사람을 확인했다. 내가 보낸 메일이 반송됐나 싶어서였다. 다행스럽게도 반송된 메일은 아니었다. 내 생에 첫 인터뷰 요청이 메일함으로 날아와 있었다.

메일을 보낸 김진희(가명) 씨는 라디오 작가를 꿈꾸는 고등학교 2학년 학생이었다. 학교에서 장래희망에 대해 조사를 해 오라는 과제를 받았고, 인터넷에 검색해 봤지만 막연한 정보들만 나와 라디오 작가의 일을 파악하기 어려웠다. 진희 씨는 현직 작가에게 이메일 인터뷰를 요청하기로 결심했다. (진취적이다.) 우연한 계기로 많고 많은 작가 가운데 내가 진희 씨의 메일을 받게 됐다. 그녀가 보낸 메일에는 궁금한 사항을 빼곡하게 적은 질문지가 삽입돼 있었다. (디테일하다.) 그리고 그 아래에는 "이 메일을 참고로 학교 과제 A 받도록 하겠습니다!"라는 말이 적혀 있었다.

(자신감 있다.) 마지막 문장인 감사하다는 말 옆에는 하트 이모티콘이 네 개 붙어 있었다. (감정 표현에 솔직하다.)

　퇴근 후 천천히 이메일을 정독했다. 인터뷰를 수백 번 청하기만 했지 요청을 받아 본 게 처음이라 얼떨떨했다. 질문지를 다 읽고 나니 라디오 작가를 향한 열망과 궁금증이 보였다. 특히 진희 씨는 방송작가가 되는 방법이나 급여가 대중에 공개되지 않아 답답한 모양이었다. 괜찮다면 구체적인 연봉을 알 수 있겠냐는 질문이 눈에 들어왔다. 아, 이 꿈꾸는 청춘에게 나는 어떻게 답을 해 줘야 하나.

　일단은 짧은 회신을 먼저 보내기로 했다. 나는 답장하기 버튼을 누른 뒤 인터뷰를 요청해 줘 고맙다고, 열심히 답변서를 준비해서 보내겠노라고 적었다. 그런 다음 본론으로 들어가서 마감 기한을 물었다. "언제까지 인터뷰 답변을 보내 드리면 될까요? 기한을 알려 주시면 제가 작성하는 데 도움이 될 것 같아요. 아, 그리고 방송작가가 되면 요청 메일을 상상 이상으로 많이 쓰게 되실 거예요. 요청 메일에 기한을 적지 않으면… 해 지나서 답장을 받는 불상사가 생길지도 모른답니다. 요청 메일에는 기한을 잘 적어

두시는 게 좋아요. 제가 알려 드리는 소소한 첫 번째 업계 팁입니다.”

꿈 많은 청춘은 피드백도 빨랐다. 진희 씨는 내가 메일을 보내고 두 시간도 되지 않아 답장을 보냈다. 그녀가 부탁한 마감은 일주일 뒤였다. 글은 마감이 쓴다더니, 인터뷰 답변지도 마감이 정해지고 나서야 작성을 시작했다. 천천히 첫 번째 질문을 읽었다. 진희 씨는 내게 할 첫 질문으로 언제부터 꿈이 라디오 작가였는지, 그걸 위해 어떤 활동을 했는지를 골랐다. 질문을 본 뒤 나는 처음으로 머릿속 1인 소파에 타인이 아닌 나를 불렀다. ‘좀 나와 봐. 너 꿈이 라디오 작가였던가?’ 키 작은 초등학생 시절의 내가 나와 소파에 털썩 앉더니 얘기를 시작했다.

내 꿈은 ‘쓰는 사람’이었다. 어떤 형태로든 글을 쓰는 사람이 되고 싶었다. 소설가, 라디오 작가, 자유기고가… 무엇이 되어도 좋았다. 기회가 있으면 뭐든 썼다. 쓰는 행위 자체가 좋았다. 고등학생 시절에는 자주 가는 동호회 게시판에 수필도 소설도 아닌 애매한 글을 올렸다. 중고등학생 시절, 편지나 온라인 게시글로 ‘쓰는 욕망’을 풀었지만 사실 끄적이는 삶은 더 어려서부터 시작됐다.

최초로 '공적 글쓰기'를 체험한 건 초등학교 5학년 때였다. 그해에 나는 트럭에 치이는 교통사고를 당하고 두 달간 입원 생활을 했다. 퇴원해 오랜만에 학교에 간 나를 선생님이 교무실로 부르셨다. 제자의 미미한 글쓰기 재능을 눈여겨봐 두신 선생님은 내게 원고지 뭉치를 내밀며 말씀하셨다. "두 달간 입원하느라 많이 힘들었지? 그 이야기를 글로 써 보는 건 어떨까?" 이후 그 글은 학교 문집에 실려 영원히 박제되고 만다. (청탁을 받을 땐 신중해야 한다는 교훈.) 멋모르고 마구잡이로 썼던 문장들이지만 누군가에게 읽히는 글을 써 본 최초의 기억은 선명하게 남았다.

이렇듯 첫 질문부터 기억이 솟아오르고 할 말이 풍성했다. 타닥타닥 경쾌한 타자 소리가 멈춘 건 여섯 번째 질문에서였다.

"실례가 되지 않는다면 급여를 여쭤봐도 될까요? 아무리 인터넷을 찾아봐도 라디오 작가의 정확한 연봉이 나오지 않더라고요. 혹시 괜찮으시다면… 구체적으로 말

쓱해 주시면 진짜 감사하겠습니다……."

말줄임표에서 머뭇거림이 묻어 나왔다. 나는 한참을 키보드 위에 손가락을 올려 둔 채 좀처럼 움직이지 못했다. "한 달에 120만 원에서 140만 원", 여기까지를 썼다 지우길 반복했다. 초라한 액수에 내가 하는 일까지 초라해 보일 것 같았다. 결국 나는 이렇게 적었다.

"구체적인 액수를 알려 드리긴 어려워요. 제가 다른 지역 방송작가 급여를 모르다 보니 조심스럽기도 하고요. 다만 이렇게는 말씀드릴 수 있을 것 같네요. 라디오 작가로 살면서 가장 만족스러운 건 '하고 싶은 일'을 한다는 거예요. 그리고 가장 불만족스러운 게 급여와 고용 불안입니다. 그래서 제 주변의 작가들은 외부에 원고를 쓴다든지, 다른 프로그램의 코너 원고를 써 준다든지 하는 방법으로 일을 더 하며 부족한 돈을 조금씩 충당하고 있어요."

솔직하게 급여를 공개하지 못했다. 표면적으로는 청춘이 꾸는 꿈에 벌써부터 초를 치고 싶지 않다는 이유였지만 마음 깊숙한 곳에서는 나도 알고 있었다. 창피했다. 내 업이 부끄러웠던 기억은 한 번도 없지만 급여는 언제나 창피했다. 이렇게 저평가되면서도 문제 제기 한 번 제대로 하지 못하는 자신이 비루했다. 이제는 안다. 창피해야 하는 건 저임금을 받는 쪽이 아니라는 걸. 부끄러움은 값싸고 간편하게 사람을 부리려는 방송가의 몫이어야 한다는 걸. 하지만 그때는 몰랐다. 그저 다 이 일을 선택한 내 업보라고 생각했다. 그래서 솔직하지 못했고, 그래서 그 인터뷰는 불완전했다.

연봉을 알릴 순 없었지만 열악한 처우를 언급한 인터뷰 답변지를 보냈다. 몇 시간 뒤 진희 씨에게 메일이 왔다. "어쩌면 제가 생각하는 만큼 라디오 작가라는 직업이 화려하지도 쉽지도 않겠구나 싶었어요. 그래서 더 열심히 노력해야겠어요! 이런저런 핑계 대면서 사 놓고 읽지도 않은 책부터 읽어 볼게요. 생각했던 것 이상으로 좋은 답변 주셔서 정말 감사합니다. 나중에 궁금한 점 생기면 꼭 이메일 다시 보낼게요. 감사합니다."

뭘 했다고 감사하단 말을 이렇게 많이 받는 건지 내가 더 감사했다. 그렇게 처음이자 마지막 인터뷰가 끝났다.

이후 6년이 지났다. 진희 씨는 이제 대학을 졸업했거나 휴학 중일 것이다. 아니면 비진학을 선택해 아르바이트생이거나 직장인일 수도 있겠다. 어쩌면 방송작가 아카데미에서 교육을 받고 있을지도 모른다. 진취적이고 디테일하며 자신감 있는 사람이었으니 어디에, 어떤 모습으로 있어도 잘 지낼 것이다.

가끔 진희 씨처럼 라디오 작가가 꿈이라는 학생을 마주한다. 그 기대에 찬 무구한 눈빛을 보면 가슴이 따끔거린다. 6년 전이나 지금이나 크게 바뀐 게 없어서다. 이젠 라디오 작가를 꿈꾸는 사람들에게 좀 미안해하지 않고 권해 보고 싶다. "이런 처우를 감당할 수 있으면 하세요"가 아닌, "무조건 꼭 하세요"라는 말을 해 보고 싶다. 꿈을 마냥 응원할 수 없는 마음, 정말이지 버리고 싶다.

모호한
정체성

시사나 뉴스 프로그램에서도 열심히 일했지만 내 오랜 소원은 음악 라디오 프로그램에 몸담는 것이었다. 그리고 마침내 기회가 왔다.

음악 방송은 처음이었으나 다행스럽게도 좋은 사람들과 함께였다. 노련한 진행자 H는 일 앞에서 누구보다 진심인 사람이었다. 그녀가 마이크 앞에서 매 순간 최선을 다

하는 모습을 보면 나도 진심으로 원고를 대할 수밖에 없었다. PD는 음악과 영화에 조예가 깊었고 팀원들의 의견을 존중했다. 신입 작가 J와는 초반에 애를 먹었지만 인고의 시간을 함께 보내고 나란히 성장했다. 음향감독 S도 빼놓을 수 없다. 그는 '열정 부자'인 우리가 하는 세세한 요청에 한 번도 싫은 내색을 하지 않고 맞춰 주었다. 데이터베이스에 없는 효과음을 부탁해도 어떻게든 구해 냈다. 음악 방송엔 시사나 뉴스와는 다른 결의 기쁨과 보람이 있었다.

정작 나를 괴롭게 한 건 업무량이 아니었다. 프로그램의 정체성이 모호하다는 게 문제였다. 당시 회사는 2시간 동안 진행되는 우리 방송에 지역 정보나 박람회 홍보를 촘촘히 끼워 넣고 싶어 했다. 하지만 우리 프로그램은 기본적으로 사연과 음악 위주의 방송이었다. 선곡이나 코너보다 생활정보가 앞설 수는 없었다. 예를 들어 〈정오의 희망곡〉에서 매 회 서울시 생활문화정보를 소개한다거나 갑자기 서울시장이 나와 시정홍보를 한다고 생각해 보자. 어딘가 이질적이지 않을까.

지역 행사 소개나 박람회 홍보보다 더 큰 문제는 갑작

스러운 '끼워 넣기 출연'이었다. 방송 하루 전에 느닷없이 기업인이나 행정가의 출연이 꽂히는 날이 생겼다. 출연만 고지되고 자세한 내용이 작가인 나나 진행자에게 잘 공유되지 않아서 우리는 막막한 마음으로 정보를 주워 모아 수집하곤 했다. 백번 양보해 생활정보나 행사 소개를 넣는다고는 해도 기존 코너를 밀고 정재계 인물 홍보 인터뷰라니…. 나는 착잡해하다 마음을 다잡았다. 그래, 다른 코너에 더 최선을 다하자!

그렇게 우리 프로그램은 기업인도 나오고 행정가도 나오고 리포터가 박람회 소식도 전해 주는, 복잡다단한 성질의 것으로 점차 변해 갔다. 이러다 2시간짜리의 거대한 생활문화정보 프로그램이 되는 건 아닌가 두려웠지만 프리랜서인 팀원들은 거부권이 없었다. 피할 수 없어 즐기는 마음으로 우리는 정재계 인사의 연애사를 묻고 청취자 참여 퀴즈를 내며 최대한 듣는 이들의 호응을 유도하려 애를 썼다.

이즈음부터 PD는 여기저기 사업을 따내기 위해 동분서주 불려 다니느라 방송 직전에야 숨이 턱까지 차 회사로 복귀하곤 했다. 그럴 때면 그는 가끔 진행자나 내게 선곡을 부탁했다. 방송 아닌 사업으로 정신없이 바쁜 그도 딱했지만, 라디오 PD 고유의 업무를 작가와 DJ가 하고 있자니 한숨이 절로 나왔다.

그해 가을부터 겨울까지 우리는 프로그램 이름을 걸고 학교를 찾아다니는 청소년 문화체험 행사를 여러 차례 진행했다. 현장에 나가 청소년들을 만나고, 명사를 초청해 삶과 음악 이야기를 나누는 건 매력적이었다. 문제는 우리 프로그램이 오후에 2시간 동안 진행되는 '생방송'이라는 거였다. 행사와 방송 시간이 겹치는 경우가 종종 생겼다.

과거 시사 데일리 라디오로 방송에 입문하며 내가 배운 건 '주중엔 생방송이 원칙'이라는 거였다. 선배들에게 그렇게 배웠고, 라디오라는 소통형 매체에도 생방송이 녹음방송보다 자연스러운 건 당연한 원리였다. 그런데 이곳에서는 그 법칙이 통하지 않았다.

그간 무슨 일이 있어도 생방송을 우선하던 팀원들에게 주어진 선택지는 녹음방송뿐이었다. 그것도 기존 프로그램 구성을 스튜디오에서 녹음하는 게 아닌 문화체험행사 현장 녹음본을 2시간 동안 그대로 내보냈다. 상황을 모르는 청취자들은 어리둥절했을 것이다. 갑자기 왜 방송이 아닌 행사가 송출되나 싶어 문의하는 이들도 있었다. 방송에 최선을 다하고 싶은데 회사는 행사를 우선할 것을 요구했다. 급하게 만든 녹음방송이 나가는 날이면 나는 라디오를 잘 켜지 못했다.

일련의 일들에는 공통의 이유가 있었다. 행사를 생방송보다 앞세워야 했던 것도, 갑작스러운 정재계 인사의 출연도 수익 때문이었다. 방송사 입장에서는 광고와 사업을 위한 일종의 묘수였을 거라고 생각한다. (회사의 공식 입장은 아니다. 프리랜서인 나나 진행자에게 어떤 취지로 정재계 인사 섭외가 진행됐는지 공유해 주지 않았기 때문이다.)

물론 홍보나 광고가 우리 프로그램에서만 이뤄지는 건 아니었다. 지상파 라디오 방송도 자사 드라마 출연진이 가끔 나와 홍보를 하는 일이 있고, 과거 내가 맡았던 다른 지역의 시사 데일리 라디오 프로그램도 매일 1분 30초가량의 생활문화정보가 삽입되기도 했다. 또 라디오라는 매체가 갖는 특수성도 분명 존재한다. 드라마나 예능과 달리

음성 위주인 라디오는 높은 단가의 광고가 들어오기 어려운 면이 있다. 그래서 라디오는 방송사 내부에서 '제일 돈 안 되는 매체'로 불리기도 한다. 정도의 차이는 있겠지만 적지 않은 라디오 프로그램이 이런 고충을 안고 있다.

나도 사정을 모르는 건 아니다. 하지만 당시 우리 프로그램의 문제는 무게 추가 점차 음악이나 청취자 사연이 아닌 사업, 광고 쪽으로 옮겨 갔다는 거다. 아무리 사업이 중요하다지만 프로그램의 정체성보다 더 중할까. 선곡보다 정재계 인사 출연에 신경을 더 써야 하는 라디오 음악 방송이란 얼마나 떳떳할까.

프로그램의 모호한 정체성으로 고통받을 때마다 생각했다. 차라리 우리 프로가 대놓고 시정 방송이거나 기업의 사내 방송이었다면 적어도 마음은 편할 텐데. 음악 방송인가 생활문화정보 방송인가 고민은 하지 않아도 됐을 텐데. 시사 프로그램에서 일하며 빌었던 '음악 프로그램을 맡아 보고 싶다'는 소원은 아마도 반만 이뤄질 운명이었던 모양이다.

처음이 가득한
세계

방송을 좋아했던 이유 가운데 하나는 새로운 경험이 늘 지척에 있어서였다. 음악 방송을 하던 시절, 매주 금요일마다 개그맨 J 씨가 고정 출연했다. 그는 동물 애호가로, 초록 잔디 빛깔의 뉴기니아 앵무새를 키웠다. 한번은 그가 동료 작가에게 "앵무새를 스튜디오에 데려와서 '합동 방송'을 해도 될까요?" 물었다.

J 씨는 평소에도 방송을 통해 반려 앵무새 이야기를

종종 하곤 했는데, 청취자 중에서도 가끔 근황을 묻는 분들이 있었다. 동료 작가와 나는 담당 프로듀서에게 가능 여부를 물은 뒤 그날 큐시트(방송 과정이 시간별로 기록되는 일정표)에 게스트 숫자를 2로 표시했다. 사람 한 명, 앵무새 한 마리.

그날 방송을 뭐라고 설명해야 좋을지 아직도 적당한 단어를 못 찾겠다. 대체로 긴장되고 가끔 귀엽고 전반적으로는 라디오 버전의 '동물농장' 같았달까. DJ의 나긋한 멘트 사이사이에 푸드덕대는 새의 날갯짓이 피처링 될 때는 손에 진땀이 솟았다가, 초록빛 앵무새가 J 씨를 닮은 목소리로 사람의 말을 할 때는 미소를 숨길 수가 없었다. '보이는 라디오'를 통해 앵무새를 발견한 이들이 반가워하며 인사를 전하기도 했다. 그렇게 우리 방송 최초로 출연한 동물 게스트는 스태프와 청취자들의 환대 속에서 무사히 방송을 끝낸 뒤 J 씨의 어깨에 앉아 유유히 퇴근했다.

방송일을 하며 접한 새로운 경험이 '앵무새 협업'만은 아니었다. 미디어는 존재하는 거의 모든 것을 다룰 수 있다. 심해와 우주, 아기와 노인, 탄생과 죽음까지. 특정 개인부터 사물, 현상에 이르기까지 소위 '아이템'에 제한이 없다. 라디오 단막극부터 다큐멘터리, 탐사 보도, 스낵 컬처 콘텐츠*까지 포맷도 다양하다. 방송을 만드는 인력으로 살면서 나 역시 세상의 많은 것들을 두루, 얕게 접해 볼 기회를 가졌다. 해녀의 숨비소리**를 들어 본 것도, 미제 사건 취재를 위해 교도소에 협조를 요청해 본 것도 그 시절이 처음이었다.

물론 성공적인 '처음'만 있었던 건 아니다. TV 뉴스 프로그램에서 작가로 일하던 시절, 당시 박근혜 대통령 국정 농단과 관련된 인물 가운데 한 명을 앰부시 취재***하라는 지시가 떨어졌다. 나는 앰부시 취재를 해 본 경험이 없었다. 하지만 당장 VJ 선배와 함께 나가야 했다.

우리는 강남에서 비싸기로 유명한 아파트에 무작정 잠입했다. 처음 가 본 고급 아파트는 무슨 관문이 그렇게도 많던지. 어렵게 집 앞까지 찾아가 벨을 눌렀다. 인터폰

• 　간식처럼 5~10분 정도의 시간에 짧게 즐기는 콘텐츠
•• 　잠수하던 해녀가 바다 위에 떠올라 참던 숨을 휘파람같이 내쉬는 소리
••• 　ambush. 취재원을 기다리거나 대기하다 기습 취재하는 방식

이 켜지고 "누구세요?" 하는 목소리가 들렸다. 나는 소속을 밝힌 뒤 잠시만 시간을 내어 달라고 부탁했다. 상대방은 "할 말이 없어요"라며 인터폰을 끊었다. 나는 또 벨을 눌렀다. 거듭된 간청에 상대방은 걸쇠를 살짝 풀고 딱 1분 동안 현관문을 열었다. 얼굴을 마주하는 것까지는 성공했지만 결과적으로 건진 것이 없었다. 상대는 모르쇠로 일관했고 나는 당황한 나머지 그 귀한 1분을 흘려보내고 말았다.

분명 몸과 마음을 써 가며 고생했건만 회사에 들어가는 길 어찌나 마음이 무겁던지. 팀장을 볼 면목이 없었다. 상황을 보고받은 팀장은 담담하게 다음 취재부터는 이렇게 해 보라는 가이드라인을 제시했다. 결국 그 앰부시 취재 영상은 어디에도 쓰이지 못했다. 함께 고생했던 VJ 선배에게 가장 미안했다.

글을 쓰며 내가 방송 안에서 경험한 수많은 처음들을 다시 떠올려 본다. 다큐멘터리에 삽입될 재연 영상을 촬영해야 하지만 제작비가 부족해 직접 어설픈 재연 배우가 되었던 일, 갑작스럽게 강아지 조연이 필요해 백방으로 뛰어다니며 골든 레트리버 배우님을 섭외했던 일, 물 관련 다큐멘터리 보조 작가로 일하면서 '물맛'을 느끼고자 전국에 존재하는 각종 생수란 생수는 다 마셔 본 일…. 이제는 기억의 저편으로 사라진 일들도 있지만 어떤 성공과 실패는 금방 사라지지 않고 내 안에 오래 남았다.

　방송 이전과 이후의 나는 조금 다른 사람이다. 예전에는 낯가림이 있어 초면의 사람과 말을 섞는 게 어려웠지만 섭외와 거절로 단련이 되고 나니 이제 전화 통화나 낯선 사람과의 소통이 두렵지 않다. 새로운 분야에 슬쩍 발을 들이미는 것도 방송 이후에 생긴 변화다. 방송 재연 배우도 해 봤고 앵무새도 출연시켜 봤는데 이거라고 못하겠나 하는 마음이 생겨 기회가 오면 마다하지 않는다. 그러니 재미있는 일들이 생긴다. 인생 최초로 북토크 사회자가 되었고(출간 당사자보다 내가 더 떨었지만), 소수의 학생들 앞에서 단발성 특강도 해 봤다. 최근에는 한 기업의 사보 일을 맡아 하고 있다. 예전의 나라면 특강도, 북토크도 지레 겁부터 먹었을 거다. 사실 여전히 겁은 많다. 하지만 그래도 이제 시도는 해 본다. 성공하면 좋지만 실패하더라도 경험치는 남길 테니까. 처음이 가득한 세계에 살다 보니 생긴 마음가짐이다.

쓰지 못한 단 하나의 오프닝

날씨와 라디오의
상관관계

라디오는 날씨의 매체다. 특히 음악 프로그램은 그날의 날씨가 방송의 거의 모든 지점에 영향을 미쳤다. 오프닝부터 DJ 멘트, 선곡, 사연, 클로징까지.

수도권의 음악 라디오 프로그램 작가로 일하던 시절, 생방송 한 시간 전부터 추적추적 비가 내리기 시작하면 나는 신경을 곤두세웠다. 금방 그칠 비가 아닌 것 같다는 판단이 서면 PD에게 허락을 구한 뒤 오프닝 원고를 수정했다. 방송을 여는 오프닝은 늘 청취자에게 말을 거는 기분으로 썼다. 그렇다 보니 비가 내리면 하고 싶은 말이 바뀌었다. 내가 있는 이곳은 아까부터 토독토독 빗소리가 들리는데 당신이 있는 그곳은 어떠냐고. 당신은 집 안에서 빗소리를 듣고 있냐고. 아니면 바쁘게 일하느라 비가 오는 줄도 몰랐냐고. 잠시 라디오 곁에 앉아 한숨 돌리는 건 어떻겠냐고.

변덕스러운 날씨로 인해 이렇게 오프닝 원고를 다시 쓰는 일이 종종 생겼다. 그럴 때면 나는 창문을 열고 땅이 젖어 있는지, 바람이 차가운지 미지근한지를 살폈다. 손이 좀 가는 일이었지만 의외로 꽤 신나는 일이기도 했다. 새 오프닝을 토대로 담당 PD는 방송 첫 곡을 다시 골랐다. 바뀐 원고를 받아 쥔 DJ는 그에 맞는 새로운 멘트를 고심했다. 그렇게 3박자가 맞아떨어질 때 신바람이 났다. 모두와 '장단'이 맞아서 그랬다.

비 이야기로 방송의 문을 열고 나면 듣고 있는 이들의 화답이 문자함에 도착했다. 누군가는 여기도 비가 내려 우중산책을 하고 있다고 했고, 또 다른 누군가는 정신없이

쓰지 못한 단 하나의 오프닝

아이 유아식을 만드느라 몰랐는데 DJ의 말에 커튼을 열어보니 비가 내리고 있었다고 알려 왔다. 그런 답신들을 받을 때면 라디오라는 매체가 정말로 사람과 사람을, 또 사람과 음악을 연결시켜 준다는 걸 믿을 수 있었다.

날씨는 신청곡의 색채도 바꿨다. 비가 오는 날에는 청취자 문자함에도 촉촉한 빗노래 신청이 이어졌다. 임현정의 〈사랑은 봄비처럼… 이별은 겨울비처럼…〉, 헤이즈의 〈비도 오고 그래서〉, 이승훈의 〈비 오는 거리〉 같은 노래들이 주를 이뤘다. 들어오는 신청곡을 잘 모아서 PD에게 전달하면 그가 그 가운데서 우리 프로그램과 결이 맞는 노래를 골라 틀었다. 그렇게 나간 신청곡은 실패가 없었다. 예를 들어 한 청취자가 에픽하이의 〈우산〉을 신청해서 송출하고 나면, 꼭 다른 청취자에게서 이런 문자가 왔다. "저도 이 노래 생각나서 신청하려고 했었는데! 덕분에 잘 들었습니다." 빗소리와 근사하게 어울리는 노래들을 가장 잘 아는 건 PD도 작가도 아닌 청취자들이었다.

비 오는 날만 특별했던 건 아니었다. 벚꽃이 개화한 날에도, 첫눈이 오는 날에도 나는 방송 내내 컴퓨터 모니터

화면을 주시했다. 도처에서 보낸 사연과 사진들을 보기 위해서였다. 스마트폰이 보편화되면서 라디오 문자 참여는 사진의 영역으로도 확대됐다. 평소에도 사진 문자가 가끔 들어왔지만, 날씨가 유별한 날이면 듣는 이들이 유독 사진을 자주 보내 주었다. 청취자들의 사진으로 나는 계절이 오고 가는 것과 꽃이 피고 지는 것을 느꼈다. 슈거 파우더처럼 고운 첫눈도, 그 첫눈으로 만든 눈사람도 모두 스튜디오 안에서 청취자들을 통해 볼 수 있었다.

어느 눈 오던 날, 한 남성 청취자가 아들과 함께 만들었다는 눈사람 사진을 보내 왔었다. 사진 속 눈사람은 성인 여자 키 반 정도 되는 작달막한 크기였다. 그 곁에는 양 볼이 빨개진 아이가 씩 웃으며 눈사람과 어깨동무를 하고 서 있었다. 사진을 찍는 아빠도 아들과 똑 닮은 얼굴로, 아들을 보며 씩 웃고 있었을 것이다. 그 아빠는 아들과 한 최초의 '협업'을 자신이 즐겨 듣는 라디오 식구들에게 꼭 보여 주고 싶은 마음에 사진을 보내 왔다. 이런 사진을 볼 때면 마음에 충전기가 꽂혔다. 삶에 치여 바닥났던 인류애가 급속 충전됐다.

라디오라는 세계 속에 머문 뒤 알게 됐다. 한겨울 길 가다 만난 진지한 표정의 아저씨가 사실은 눈사람 만들기 장인이라는 걸. 봄날 벚꽃 날리는 천변 길에 멈춰 선 여자가 미간을 찌푸리고 있는 건 화가 나서가 아니라 벚꽃 사진을 라디오에 보내느라 집중하고 있기 때문이라는 걸. 날씨가 바뀌고 계절이 변할 때 사람들은 의외로 되게 귀엽다는 걸.

날씨에 맞춰 오프닝 원고의 결을 바꾸는 건 라디오가 생방송을 기본 포맷으로 하기 때문에 가능한 일이었다. 지금 생각하면 촉박한 시간에 맞춰 부랴부랴 첫 곡을 바꾸고 멘트를 고심해 준 동료들에게 고마운 마음이 든다. 당시엔 당연하다고 생각했었는데 뒤늦게 사람이 되나 보다. 이 마음을 기억해 두었다가 다음 비 오는 날에 함께 일했던 동갑내기 DJ에게 연락 한번 해 봐야겠다.

"파전에 동동주 어때? 라디오 들으면서."

가장 빨리 꿈이
풍화되는 곳

나는 학창 시절에 한 번도 개근상을 받지 못했다. 잔병 치레를 가끔 했고, 상을 받겠다는 욕망도 없었던 탓이다. 성적도 들쭉날쭉했다. 모의고사는 괜찮게 봤지만 내신은 바닥이었다. 참 다채롭게도 불성실했다.

그렇지만 내게도 아침 일찍부터 눈이 번쩍 뜨이는 등교일이 있었다. 중학생 시절 영화감상부에 가입했는데, 한 달에 한 번 클럽 담당 선생님이 우리를 인솔해 극장에 가서 영화를 보여 주셨다. 한석규 주연의 〈쉬리〉도, 로버트 듀발이 나오는 〈딥 임팩트〉도 그 시절 단체 관람으로 본 영화들이다. 어려서 엄마 손을 잡고 영화관에 간 기억이 없는 내게 클럽 활동 날은 각별했다. 그날은 알람이 울리기 5분 전에 눈이 뜨였다. 그러면 지체 없이 일어나 교복을 챙겨 입은 뒤 누구보다 빠르게 등교했다. 그때 자각했다. 다채롭게 불성실한 나도 좋아하는 것 앞에서는 부지런해질 수 있구나!

시간이 흘러 사무직을 그만두고 방송작가로 살게 되면서 다시 '좋아하는 일에 부지런해지는' 감각이 깨어났다. 내 세계는 방송을 중심축으로 돌아갔다. 데일리 라디오를 하니 매일이 마감이었지만 한 번도 지겹지 않았다. 음악 프로그램을 하던 시절엔 방송 한 시간 전이라도 눈이나 비가 쏟아지면 PD에게 뛰어가 오프닝을 바꾸는 게 어떠냐고 먼저 물었다. 청취자가 보내는 문자에 자동 발송되는 답장 문자의 문구를 고심해서 매일 바꿨다. 답장을 받고 한 사람이라도 기뻐한다면 충분하다 생각했다. 도서관 사서, 대학 행정 직원, 기자, 매거진 에디터를 거쳐 드디어

내 일을 찾았으니 진심으로 임하고 싶었다.

당시 주변엔 나 같은 사람이 꽤 있었다. 우리 프로그램의 DJ였던 동갑내기 여자 아나운서도, 매번 다른 효과음을 준비하던 음향감독도 자기 일에 진심인 사람들이었다. '방송판'이 그래서 좋았다. 그곳엔 꿈꾸던 일을 하는 사람들의 긍지가 있었다. 좋아서 일을 하는 사람들의 신명이 있었다. 예를 들면 방송을 앞두고 DJ가 몇 번이나 원고에 줄을 그으며 몰입해 읽을 때, 생방송 3초 전에 음향감독이 PD의 손을 집중해서 쳐다보다 큐사인을 받자마자 마이크 버튼을 힘차게 올릴 때. 그런 순간마다 나는 방송이 조금씩 더 좋아졌다.

물론 어디나 그렇듯 일에 진심인 사람만 있는 건 아니다. 타성에 젖어 습관처럼 일하는 사람도 있었다. 어떤 일을 하느냐보다 어떤 자리를 갖느냐에 혈안인 사람도 있었다. 하지만 그들도 처음부터 의욕이 없지는 않았을 것이다. 첫 방송을 연출하거나 구성했을 때에는 눈에 총기가 반짝이고 일하는 순간에 가슴이 뛰었을 거다. 그러다 점차 세월과 관성에 서서히 젖어 가며 눈빛이 흐리멍덩해졌을 것이다. 내가 이렇게 자신할 수 있는 이유는 '누가 시켜서' 방송에 뛰어드는 사람을 만나 보지 못했기 때문이다.

　방송을 업으로 삼는 이들은 곧 방송을 꿈꾸던 이들이다. 가수도, 개그맨도, 아나운서도, PD도, 작가도 마찬가지다. 그렇지 않고서야 21세기의 정글과 다름없는 방송사에 입성할 이유가 없다. 꿈 없이 버티기에 이 업계는 너무 혹독하다. 누군가는 잠을 못 자고, 누군가는 악성 댓글에 시달리고, 또 다른 누군가는 최저생계비 이하의 급여를 손에 쥔다. 어지간한 결의 없이는 발 들이기 쉽지 않은 동네가 방송가다. 그러니 적어도 업계에 진입할 때만큼은 누구나 꿈을 배낭처럼 등 뒤에 메고 온다.

　그렇지만 역설적으로, 가장 빠른 기간에 꿈이 풍화되는 곳도 방송국이다. 유명한 프로그램의 조연출로 일하던 내 지인은 소원이 6시간 이상 자 보는 거라고 했다. 주기적으로 밤샘을 하던 그는 일하다 도저히 정신을 차릴 수 없으면 에스프레소 샷을 4번 넣은 아이스 아메리카노를 마셨다. 수면권도 제대로 보장받지 못하니 휴가나 휴식은 언감생심 꿈도 꾸지 못했다. 서울의 한 방송국에서 일하던 음향감독은 해가 바뀌어 연락을 하면 근무처가 바뀌어 있었다. 그가 가는 방송사마다 정규직 대신 2년 단위 비정규직으로만 음향감독을 뽑기 때문이었다.

방송은 하나의 유기체 같아서, 좋은 원고나 DJ의 애드리브만으로 완성되지 않는다. 신입 작가는 섭외에 열심이고, 경력 작가는 능란하게 원고를 써 내고, PD는 찰떡같은 선곡을 하고, DJ는 공감력이 뛰어날 때 프로그램이 매끄럽게 진행된다. 그런데 프로그램이 빛을 보지 못하면 언제나 특정인만 사라진다.

청취율이나 문자 반응이 시원치 않을 때 사측이 가장 먼저 고려하는 옵션은 DJ 교체다. 방송사는 통상 해마다 상반기에 한 번, 하반기에 한 번 개편을 하는데 DJ들은 매 개편마다 불안에 떤다. 혹시 평소 듣던 라디오 프로그램의 DJ가 6개월 만에 바뀌었을 경우, 개편에서 '물갈이' 당했을 가능성이 높다. DJ가 촬영으로 길게 자리를 비워야 하는 배우가 아니라면 말이다.

그다음 옵션은 작가 교체다. 그렇게 프리랜서 교체가 반복되면 방송사 정규직인 PD만 덩그러니 남거나 아예 프로그램 자체가 사라지고 PD는 다른 프로그램으로 발령 나기도 한다. 결국 남는 건 정년이 보장되는 직원뿐이다. 오죽하면 30년 동안 한 프로그램을 진행해 온 최장수 단일 DJ 배철수 아저씨도 그랬다. 라디오는 6개월마다 개편을 하니 5년 뒤를 생각하지 않는다고. 늘 6개월 뒤가 끝일 수 있다는 걸 각오하고 산다고. 이번 개편에 살아남으면 다음 개편까지 열심히 하는 거라고. 30년 해 온 사람의 마인드가 이런 데는 다 이유가 있지 않겠는가.

나는 그렇게 사라진 DJ나 리포터, 작가들을 여럿 알고 있다. 이들이 모두 능력이 부족해 물러나게 됐을까? 그렇지 않다. 그들 가운데에는 누구보다 진심으로 청취자와 공감하던 진행자도, 발성이 깨끗하고 순발력 뛰어나던 리포터도 있다. 이들은 그저 공동의 책임을 혼자 짊어지게 됐을 뿐이다. 개편을 수차례 겪어 강원도로, 전라도로 여러 번 이사한 베테랑 진행자 S에게 한번 물어본 적이 있다. 개편마다 생사가 결정되는 게 힘들지 않았냐고, 너무 지친 나머지 방송이라는 꿈이 퇴색되지는 않았냐고. 그러자 그녀가 웃으며 말했다. "방송은 죄가 없지. 구조가 문제지."

나는 S의 초연함에 감탄하는 동시에 마음속으로 빌었다. S가 내년에는 전라도에서 경상도로, 그다음 해에는 경상도에서 충청도로 이사하는 일이 없기를. 그녀처럼 일에 진심인 사람들이 이 업계에 조금 더 오래 머물 수 있기를.

쓰지 못한 단 하나의 오프닝

카메라 뒤에

사람이 있다

'원래 그런 것'이라는 말은 기득권의 언어다.
논리와 혁명에 대응하는 가진 자의 마스터키다.
'원래'에 의구심을 품는 사람들이 없었다면
아직까지 여성들은 투표소에 들어갈 수 없고,
흑인과 백인이 따로 앉아야 했을지도 모른다.

과정은 어려울 수 있겠지만 시작은 어렵지 않다.
'원래'를 뒤집으면 된다.
방송작가는 원래 휴가가 없다는 말의 '원래'를,
프리랜서는 원래 계약서를 쓰지 않는다는 문장에서
'원래'를 뒤집으면 될 일이다.
그리고 그 일은 절대 혼자 할 수 없다.

이 구역의 톡 쏘는
방송작가 되는 법

"또박또박 할 말 다 하는 스타일이구나?"

"아주 톡 쏘는구먼."

내가 방송작가로 살아오면서 이따금 한 번씩 들었던 말들이다. 이 문장들만 놓고 보면 단단한 월동무 같은 성정이 연상될 터. 내가 처음부터 이랬던 건 아니다. 살캉살캉 삶은 무 같은 시절도 있었다. 불과 십 년도 되지 않았는데 돌아보니 아득하다. 내가 어쩌다 '이 구역 톡 쏘는 방송

쓰지 못한 단 하나의 오프닝

작가'로 거듭났는지 이야기해 보려 한다.

나이 서른 넘어 화창한 꿈을 안고 방송작가로 전직했다. 하지만 현실은 호락호락하지 않았다. 나처럼 다른 업계에 있다가 방송작가로 전직을 하게 되는 경우 대부분 '충격과 공포의 3단계'를 거치게 된다.

"선배, 저 계약서는 언제 쓰나요?"

"계약서? 그런 거 쓰나?"

이게 1단계.

"그럼 급여는 어떻게 산정되는 거예요?"

"아니 그게… 다음 달에 나와 보면 알 거야."

이게 2단계. 자, 한 단계만 더 버티면 된다. 힘을 내자.

"그래도 얼마인지 대충 알아야…."

"아니 거 참 말하기 민망한데… 000원 정도로 알고 있으면 돼."

마지막 3단계다. 선배는 거짓말을 하지 않았다. 들어보니 과연 말하기 민망한 액수였다. 자, 여기까지 버텨 냈다면 방송작가로 첫발을 무사히 내디뎠다고 보면 된다.

하지만 나는 운명을 얌전히 받아들이지 못하고 시시때때로 선배들에게 질문을 던졌다. 페이(작가들의 급여는 월급, 연봉 대신 '페이'라는 단어가 주로 쓰인다)는 매년 오르는 거냐고 '감히' 물었다. 하지만 정말이지 궁금했다. 나는 고양이 사료도 사야 하고 가끔 외식도 해야 하는데 입에 풀칠만 하게 생겼으니. 그러자 한 선배가 온화한 얼굴로 내게 말했다.

"넌 참 또박또박 할 말 다 하는 스타일이구나?"

그렇게 안면 트고 얼마 안 되는 시점부터 나는 '할 말다 하는 개'로 통하기 시작했다. 당시 지역사 방송국에서는 새로 들어온 작가가 계약서를 쓰자는 말을 꺼냈다는 것자체가 어불성설이었을 것이다. (물론 계약서는 쓰지 않았다.) 돌이켜보면 방송작가로 첫걸음을 내딛을 수 있게 해 준 곳이기에 은은한 고마움이 남아 있다. 비록 그들은 나를 '독한 애'로 반추할지라도….

이 일화 이후로도 계약서와 페이는 방송작가 일을 하면서 가장 큰 숙제가 되었다. 꼭 풀고 싶은데 내 힘만으로는 풀 수가 없는, 반드시 상대방의 공조가 필요한 숙제. 이

숙제 앞에서는 '톡 쏘는 그 작가'가 되어도 어쩔 수 없었다. 텔레파시로 '계약서 쓰나요?' 하고 물을 수는 없지 않겠는가. 최대한 신중하게 물어도 '계약서'라는 단어가 나오는 순간 상대는 경직되곤 했다. 좀 억울한 마음도 든다. 나는 방송작가라는 일을 오래 하고 싶어서 꺼낸 이야기들이었는데. 좋아하는 일을 지속 가능하게 하고 싶다는 것은 누구나 품는 고민 아니었나.

이미 밝혔듯이 나는 라디오를 좋아한다. 늘 그래 왔다. 신형철 평론가가 『몰락의 에티카』를 통해 "나는 문학을 사랑한다. 문학이 나를 사랑하지 않아도 어쩔 수가 없다"고 말한 것처럼, 나는 원고를, 라디오를, 라디오 너머에 있는 이들을 수줍게 연모한다. 그런데 이 연모의 마음은 곧 약점이다. 계약서도 페이도 이 약점 앞에서는 맥을 못 춘다. 방송을 좋아해서 계약서를 쓰지 않고도 일을 한다. 좋아하기 때문에, 울며 겨자 먹기로 지고 들어간다. 나 같은 전현직 방송작가들이 얼마나 될까. 쓰다 보니 문득 궁금하다.

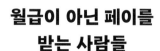

월급이 아닌 페이를
받는 사람들

우리는 모두 언어 속에서 산다. 말을 한 마디도 하지 않고 지나가는 날은 드물다. 하다못해 친구와 메신저로 대화를 주고받거나, 고장 난 정수기의 AS를 신청하기 위해 전화 속 누군가와 대화를 한다. 자음과 모음, 단어와 문장 사이를 유영하는 것이 삶이다. 그 가운데서도 무언가를 정의하는 '단어'란 가공할 힘을 가지고 있다. '맘충'(영어단어 'Mom'과 한자로 벌레를 뜻하는 '충'을 합성한 혐오 언어)이란 끔

쓰지 못한 단 하나의 오프닝

찍한 단어 하나로 아이 엄마들이 속앓이하던 시절이 불과 얼마 전이다.

나는 방송작가로 살면서 늘 한 단어가 궁금했다. 바로 '페이'다. 급여를 논할 때면 연봉이나 월급이 아닌 '페이'라는 단어가 쓰였다. 무슨 불문율 같았다. 작가 선배도, PD 선배도 모두 꼭 이 단어를 썼다. "페이는 얼마로 책정됐니?", "행사 서브 작가 페이는 얼마 얼마 정도란다." 나중에는 하도 많이 들어서 그 단어 자체는 익숙해졌지만, 늘 마음 한구석 어딘가 개운하지 않았다.

섭외가 하도 안 돼서 동동거리며 전화를 돌려대던 어느 날, 두세 시간을 전화통에 매달려 있다가 겨우 어렵게 인터뷰 허락을 받았다. 안도의 한숨을 쉬며 사무실 전화기를 내려놓다가 벼락같은 깨달음이 왔다. 왜 '페이'라는 단어가 이질적이었는지. 밥 먹다 모래를 씹을 때처럼 왜 유독 그 단어가 어금니에 걸렸는지. 내가 노동자인데 노동자가 아니라서 그런 거였다. 노동자인데 노동자가 아니라니, 이 무슨 말장난 같은 상황이란 말인가.

대부분의 방송작가들은 '노동자'로 분류되지 않는다.

이 말은 즉, 회사 대 노동자로 계약을 맺지 않는다는 뜻이다. 계약서를 쓰더라도 프리랜서 계약을 한다. 그래서 작가들은 연말정산이 아니라 개인사업자로 분류되어 5월에 종합소득세 정산을 한다. 사업자번호도 없는데 개인사업자가 되는 아이러니다. 그러니까 노동자가 아니라서 월급이라는 단어가 맞지 않는 거였다. 맙소사, 자욱하던 머리가 번뜩하더니 정리가 된다. 그래서 페이였구나!

문제는 많은 방송작가들이 방송국에 상주하면서 근무를 하고, 출근 시간과 퇴근 시간이 있으며, 야근도 하고 간혹 출장까지 다닌다는 거다. 지난 2019년 4월에 전국 언론 노동조합이 전국 방송작가 580명을 상대로 실태조사를 진행한 결과, 본인이 프리랜서 형태로 고용되어 있지만 상근한다는 대답이 72%였다.

현행법상 노동자로 인정되지 않는 다른 직군 역시 마찬가지다. 학습지 교사와 요구르트 판매원, 간병인, 퀵서비스 기사 등 많은 직군이 같은 문제를 겪고 있다. 노동할 의무는 있지만 권리는 온전히 갖지 못한다.

'페이'가 교묘한 이유가 바로 여기에 있다. 페이라는

쓰지 못한 단 하나의 오프닝

단어 안에는 야근수당이 없다. 교통비도 식비도 없다. 당연히 받아야 하는 것들이 이 단어로 인해 지워진다. 작가들은 밤샘 야근을 하고도 수당을 청구할 곳이 없다. 회당 얼마의 페이를 받는, 야근수당을 약속받지 못한 프리랜서이기 때문이다. 돌이켜보니 페이란 참 얼마나 편리한 단어인지.

그래서 방송작가들은 홍길동도 아닌데 월급을 월급이라 부르지 못한다. 적어도 상근하는 작가들에게는 페이가 아닌 월급이 지급되어야 하지 않을까. 사업장 없는 개인사업자가 아닌, 정당한 노동자로서 말이다. 이제는 부디 방송작가들이 '호월호급' 할 수 있기를 바란다. 방송사에 상주하다 야근하면 수당을 받고, 다치면 산재보험을 적용받기를 바란다. 적어도 인간답게 노동할 수 있기를 바란다. 이젠 그럴 때도 되지 않았나.

수천만 원 행사 뒤편에는
이천 원 시급이 있었다

[이 일이 있었던 건 2015년이다. 현재는 상황이 개선되었기를 바라며 글을 쓴다.]

방송작가로 전직하고 나서 닥치는 대로 일거리를 찾았다. 페이가 적었기 때문에 부수입이 필요했다. 불러 주면 뭐든 다 했다. 그러던 어느 금요일, 한 선배가 내게 방송국에서 주관하는 행사에 작가로 참여해 보지 않겠냐고 제안했다. 일단 이 일로 '물꼬'를 트면, 앞으로도 행사를 맡을 수 있을 거라고 했다. 단돈 얼마가 아쉬웠던 나는 선배의 제안이 정말이지 고마웠다.

선배는 행사 작가로서 내가 해야 할 일들을 대략적으로 알려 주었다. 이미 이 행사를 진행해 보았던 메인 작가 선배가 있고, 나는 서브 포지션으로 참여하게 되는 거였다. 통 원고(전체 원고)는 메인 선배가 쓰고, 나는 그 외의 짧은 코너 구성과 퀴즈 출제, 코너 음악 선곡, 섭외 대상 체크, 당일 행사 진행 도우미 등의 업무를 수행하면 된다고 했다.

그런데 어째 이 선배가 이야기를 마친 모양새다. 나는 아직 가장 중요한 이야기를 듣지 않았는데 말이다. 결국 내 입으로 먼저 물었다.

"선배, 그럼 제 페이는 얼마예요?"

"어… 이번엔 예산이 넉넉하지를 못해서 5만 원이야."

처음에는 잘못 들었나 했다. 재차 물었더니 5만 원이 맞단다.

"선배… 이건 너무 심한데요?"

"이번에 행사가 급하게 잡혀서 그래. 다음부터는 좀 더 신경 쓸게. 이해해 주라."

"아니 이해의 문제가 아니라, 저는 이 돈 받고 할 수가… 하기가 어렵겠는데요….

선배의 얼굴이 눈에 띄게 어두워졌다.

"너는 지금 일을 배워야 하는 애가 그런 얘기부터 하면 어떡하냐."

"일을 배워 가며 한다고 제 몫을 해내지 않는 건 아니잖아요. 선배 이거 시급으로 한번 나눠 보세요. 시간당 2천 원이나 될까 싶어요. 이건 열정 페이잖아요."(2015년 최저 시급은 5,580원이다.)

행사를 하나 치르는 건 원고만 써서 끝나지 않는다. 섭외, 코너, BGM, 사전 답사, 행사 진행, 주차 안내, 하다못해 행사 마친 뒤 쓰레기 정리까지 전방위로 뛰어야 한다. 내가 이 행사에 들이는 시간 대비 페이를 계산해 보니 답이 없었다. 시간당 2천 원이 될까 말까 하는 수준이었다. 불과 며칠 전 라디오 원고 오프닝에 '열정 페이' 이야기를 썼는데, 웬걸 내가 바로 당사자였던 거다.

당시 '열정 페이'라는 단어가 한창 사회적 화두가 되던 시기였다. 내 말을 들은 선배는 말이 없었다. 나도 더 이상 할 말이 없었다. 내 노동력이 이렇게까지 저평가되어야 할까 싶어 그저 심란했다. 금요일, 퇴근 직전이었다. 그렇게 우리는 서로의 '불금'을 망치고 말았다. 내심 생각했다. 선배가 "행사는 없었던 일로 하자"라고 말할지도 모른다고. 열정 페이 운운하는, 고분고분하지 않은 작가는 환영받지 못할 거라고. 그렇게 월요일이 오고 아니나 다를까 그 선배가 내 자리로 다가왔다. 그런데 '열정 페이 사태'가 있던 금요일과는 얼굴이 다르다. 만면에 미소를 띠고 있었다.

"이 작가, 나 칭찬해 주라."

"왜요?"

"여기저기 얘기 잘해서 페이 10만 원으로 올렸다? 나 고생했어."

"정말요? 감사합니다!"

선배는 내 입에서 나온 '열정 페이'라는 말에 충격을 받았던 것 같다. 그래서 고민 끝에 번거로운 일을 자처했다. '여기저기 얘기 잘했다'는 한 문장에 내포되었을 긴 과정이 떠올랐다. 선배는 직속 상사에게 면담을 요청했을 것이다. 작가 페이에 문제가 있음을 알리고, 상사의 동의를 구하고, 어쩌면 서류도 한두 장 다시 썼을지도 모른다. 그는 이 귀찮은 과정을 거쳐 결국은 작가 페이를 상향 조정해 냈다. 그리고 이 작은 승전보를 내게 알렸다.

시급으로 따지면 2천 원이 4천 원이 된 셈이다. 어차피 둘 다 최저임금에도 미치지 못하지만 나는 진심으로 기뻤다. 문제가 문제라는 것을 인식하고, 나아가 행동해 주는 선배가 어디 흔하던가. 그 고마움을 마음에 품고 행사를 치렀다.

그래서 이 이야기는 미담이자 괴담이다. 문제의식을 공유해 준 선배가 있어 미담이고, 수십 년간 막내 작가 행사 페이에 변동이 없었다는 점에서 괴담이다. 수천만 원에서 많게는 수억 원이 왔다 갔다 하는 행사에서 작가, 특히 '막내'로 불리는 신입 작가의 페이는 암담한 수준이다. 심지어 교통수단 지원이 안 되면 행사를 하는데 잔고는 마이너스가 되는 상황까지 벌어진다.

이젠 이 '괴담'을 멈출 때다. 행사로 집을 마련했다는 연예인들까지는 아니어도, 작가가 행사에 들인 공력 정도는 인정받았으면 한다. 하다못해 행사 스태프들이 먹을 김밥 값도 매해 오르는데, 물가상승률도 신입 작가 페이는 피해 간다. 부디 지금의 '막내'들은 최저시급 수준의 페이라도 보장받기를, 행사 이후 헛헛한 마음으로 집에 돌아가지 않기를 2015년의 막내가 바라 본다.

방송사 호칭의
미스터리

　나는 호칭에 민감하다. 우리가 불리는 명칭에 사회적, 관계적 함의가 집약된다고 믿기 때문이다. 나는 호칭이 부르는 이와 불리는 이의 관계성, 존중감, 심지어는 위계까지 나타낸다고 생각한다. 연예계만 봐도 알 수 있다. 배우, 가수, 개그맨, 진행자 여러 직군이 존재하지만 유독 배우에게만 '배우님'이라는 높임말이 자주 쓰인다. 개그맨님, 가수님이라는 단어는 잘 쓰이지 않는다. 나는 '배우님'이

　　　　　　　쓰지 못한 단 하나의 오프닝

라는 존칭이 연예인 가운데서도 유독 연기자를 추앙하는 사회적 분위기와 무관하지 않다고 본다. 광고비와 출연료로 건물을 올리는 배우들은 명칭마저도 올라간다. 호칭은 생각보다 많은 걸 시사한다.

연예계 얘길 했지만, 그보다 더 '호칭 난리 통'인 곳은 방송 제작 현장이다. 처음으로 규모 있는 방송사의 촬영 현장에 발을 들였을 때 얼마나 놀랐는지 모른다. 사방에서 막내 찾는 소리만 들려왔다. "막내야!", "막내, 섭외 다 됐어?", "막내 지금 어디래?" PD와 메인 작가들이 애타게 불러대는 막내는 집안 막내가 아니라 '막내 작가'였다. '막내'로 불린 이들은 기본적으로 걷지 않고 뛰었다. 하도 여기저기서 부르니 잽싸게 움직여야 하는 것 같았다. 방송계에서는 신입 작가들에게 관행적으로 '막내'라는 호칭을 붙인다.

드라마 분야를 제외한 방송의 작가들은 소위 '막내 작가'로 불리는 신입 작가, 어느 정도 연차가 쌓인 서브 작가, 프로그램 한 편을 총괄하는 메인 작가로 구분된다. 사실 이 구분 시스템마저도 종잡을 수 없고 주관적인 것이 3년 넘게 일을 했어도 막내 작가로 일하는 사람이 있고, 1년도 되지 않아 금방 서브 작가가 되어 코너 원고를 쓰는 사람도 있다. 승진과 급여 개념도 중구난방이다. 어떤 곳에서는 신입 작가가 한 달에 180만 원을 받고, 어떤 곳에서는 서브 작가인데도 한 달에 130만 원을 받는다. (둘 다 저임금이라는 사실이 슬프다.) 대체로 '막내'에서 서브가, 서브에서 메인이 될수록 원고의 중요한 부분을 담당하게 되며, 자잘한 잡무는 신입 작가가 대부분 떠안는다.

타 업계에서 일을 하다 작가가 된 나는 다행스럽게도 '막내' 딱지를 달지 않았다. 내가 있던 지역사의 시사 라디오 프로그램에는 작가 인원이 나 한 명이었다. 프로그램 안에 작가 선배가 없었다. 혼자 구성과 섭외를 도맡아 해야 했지만 막내로 불리지 않는다는 점, 그거 하나는 좋았다. 방송가에서는 가장 연차가 낮은 신입 작가에게 으레 '막내'라는 호칭이 따라 붙는다는 걸 알았기 때문이다.

방송에서 일하는 내내 나는 '막내 작가'라는 단어가 불편했다. 멀리서 누군가 "막내야!" 하고 쩌렁쩌렁하게 신입 작가를 부르면 괜히 내 어깨가 움츠러들었다. 마치 '안사람'과 '바깥양반'이라는 호칭을 들을 때처럼. '시댁'과 '처가'를 들을 때처럼. '작가'와 '여류작가'라는 호칭을 들을 때처럼. '막내 작가'라는 단어를 곱씹을수록 기저에 깔린 차별성이 느껴졌다. 신입 작가면 신입 작가지 왜 막내일까. 같은 신입이어도 PD나 아나운서에게는 '막내 PD'라거나 '막내 아나운서'라는 호칭이 붙지 않았다. 유독 작가만 '막내'라는 서열적 단어를 공식 호칭으로 부여받았다.

친족 모임도 아닌, 노동 현장에 왜 막내가 존재해야 하는 걸까. 방송국에서는 장녀도 막내가 되고 장남도 막내가 됐다. 일단 방송작가가 되면, 나처럼 특수한 케이스를 제외하고는 누구나 '막내'로 불리는 시절을 몇 년은 감내해야 했다. 나는 이 호칭이 차별적일 뿐만 아니라 철저히 '갑'들에 의해 물려 내려온 언어라는 데 생각이 미쳤다. 예를 들어 '이은혜 작가'에게는 시킬 수 없는 담배 심부름을 '막내'에게는 시킬 수 있다. 이 고릿적 단어가 아직도 죽지 않고 살아남은 것은 누군가를 손쉽게 부리기 위해서다. 호

• 방송작가 70% "이름 아닌 '막내'로 불려"… 일부는 '아가'로(2017.12.12. 뉴시스)

칭은 이렇게 힘이 세다.

실제로 '막내 작가'들이 하는 업무를 들여다보면 작가보다는 '막내'에 방점이 찍혀 있다는 걸 알 수 있다. 소위 막내 작가, 그러니까 신입 작가들은 상상 이상으로 다양하고 잡다한 일들을 한다. 일반적으로 작가라고 하면 떠올릴 원고 작성은 대부분 서브 작가나 메인 작가의 몫이다. 더러 막내 작가에게 원고를 내어주는 경우도 있지만 흔하지는 않다. 원고도 쓰지 않는데 신입 작가들은 대체 뭘 하는 거냐고? 세상에서 제일 바쁜 게 방송가 '막내들'이다. 이들은 출연자 섭외, 취재, 스케줄 정리, 원고 수합, 녹취록 타이핑, 영상 찾기, 출연자 급여 정산, 공문 요청과 발송까지 온갖 사사로운 일을 해내야 한다. 심지어 주차증 관리와 선배들의 커피 심부름도 해야 하고, 열악한 환경에서는 사무실 청소까지 맡는다. 오죽하면 신입 작가들은 스스로를 작가가 아닌 '잡가'라고 부른다. 하도 잡무가 많아서다.

하는 일이 이렇게 방대하니 신입 작가가 움직이지 않으면 한 시간도 안 되어 프로그램 스케줄이 꼬인다. 하는 일은 많은데 급여는 최저시급에 호칭은 막내다. 뭐 하나

충족되는 구석이 없고 그 와중에 야근은 밥 먹듯 한다. 이 불공정을 버티지 못하고 신입 작가들이 한 달, 두 달 만에 사라진다. 그렇다 보니 요새 방송가에는 이런 말이 떠돈다. "신입 작가는 구하는 게 아니라 모셔오는 거다."

어렵게 모셔 와서 막 대하지 말고 그들에게 그냥 이름을 돌려주자. "막내야"가 아닌 "김○○ 작가"로. 또 부디 방송계 선배들이 "방송을 배우며 일하니 적게 받아도 참으라"는 시혜적 태도는 버렸으면 좋겠다. 이젠 그런 시대는 지났다는 걸 인정할 때도 됐다.

이제 막 업계에 입문한 작가들에게 최소한의 인간다운 환경을 제공하는 게 그리 어려운 일은 아니지 않을까. 나는 방송계 선배들이 딱 세 가지만 지켜 줘도 신입 작가들이 훨씬 오래 일할 수 있을 거라고 믿는다. 첫째, '막내'라고 부르지 않을 것. 둘째, 커피 심부름처럼 작가 업무와 관계없는 일을 시키지 않을 것. 셋째, 단 한 문장이라도 실제로 원고를 써 볼 수 있게 기회를 줄 것. 내 호칭과 업무가 존중되고 일을 진득하게 배울 수 있다면 지금처럼 방송가에서 '신입 작가 찾아 삼만리' 하는 일은 줄어들 거다.

기센 작가
타이틀

드물게 있는 회식자리였다. 프로그램 담당 PD와 작가 두 명, 음향감독, 진행자가 화로를 가운데 두고 동그랗게 앉아 고기를 먹었다. 한참 음식을 먹던 내게 PD가 말했다. "작가님은 글도 그렇고 일도 열심히 하시고 다 좋은데… 기가 좀….." 그가 하려다 삼킨 말은 '세다'였을 거다. '기가 세다'. PD의 말에 내가 뭐라고 답했는지는 가물가물하다. 그저 좀 더 전투적으로 안주를 먹었던 것 같다.

쓰지 못한 단 하나의 오프닝

나는 키 160cm의 작달막한 여자다. 생김새는 수수하고 말하는 속도가 느린 데다 행동도 어수룩하다. 번화가에 가면 높은 확률로 "기가 맑으시다"며 무속신앙 전도사가 말을 걸어온다. 친구들 사이에서도 놀리기보다는 놀림을 받는 포지션이다. 말주변도 좋지 않아서 모임에서 화자보다는 청자의 역할을 한다. 주말의 홍대 거리처럼 사람이 많은 곳에 가면 기력이 급격히 떨어져서 집에 돌아와 30분은 누워서 쉬어야 한다. 눈 밑의 다크서클은 10대 때부터 어찌나 진했는지 가끔 멍든 것 아니냐고 물어보는 사람도 있다. 그렇다 보니 주변인들에게 기가 약하면 약했지 세 보인다는 말은 듣지 못했다. 방송 업계에 발 담그기 전까지는.

내 체형이나 얼굴이 크게 달라지진 않았으니 기가 세다는 평가는 외모 때문이 아닐 것이다. 방송을 하기 전과 후, 내게 생긴 가장 큰 변화는 '질문'이었다. 질문하지 않으면 신입 방송작가가 착취당할 확률이 너무 높았다. 프로그램마다 급여도, 근무 시간도, 심지어 방송국에 상주해야 하는지 아닌지도 전부 달랐다. 방송국에서 일하는 프리랜서와 관련해서 정해진 내규나 기준이 없는 곳이 태반이었다.

내가 받은 충격이 '시급 2천 원' 정도라면, 방송가 곳곳에서 만난 선배 작가들의 이야기는 공포물에 가까웠다. 라디오 쪽 한 선배는 출산휴가가 없는 프리랜서라 출산 4주 만에 퉁퉁 부은 얼굴로 복귀했던 경험을 이야기했다. 시사 TV 프로그램 일을 하던 다른 선배는 철야를 계속하다 '이러다가는 죽겠다'는 신호를 느껴 생명보험에 가입했던 과거를 알려 줬다. 한 방송사 촬영 팀이 배를 탔는데 프리랜서인 작가에게만 구명조끼를 지급하지 않았다는 건 이미 유명한 일화다. 구명조끼가 부족하다는 이유에서였다.

나는 나를 지켜야 했다. 시급 2천 원으로부터, 출산 후 4주 이내 복귀로부터, 내게만 지급되지 않는 구명조끼로부터. 그러기 위해 나는 '질문하는 사람'이 됐다. 제작자에게 행사 의뢰를 받으면 대화가 끝나기 전에 작가 페이를 물었다. 새로운 프로그램에 가게 되면 반드시 출근 전에 급여와 근무 시간, 상주 여부를 확인했다. 휴가가 있는지, 있다면 며칠간 쓸 수 있는지를 물었다.

어딘가 소속되어 일을 하며 의문점이 생기면 제작자나 윗사람에게 면담을 요청했다. 면담은 웃는 얼굴로 정리되는 날도 있었지만, 끝내 합의점을 찾지 못하고 답답하게 끝나는 날이 더 많았다. 그래도 질문을 멈추지 않았다. 내노동이 무가치하지 않다고 믿었기에 질문이 나쁘다고도 생각해 본 적 없다.

상대방의 눈에는 내가 비장해 보였을지도 모르겠다. 제작자와 면담하러 회의실로 걸어갈 때면 '계약서도 없는 나는 언제든 잘릴 수 있다'는 사실을 마음에 품고 결연하게 입장했다. 시급 2천 원 얘길 할 때는 격앙되기도 했던 것 같다. 방송과 관계없는 상사의 개인적인 일을 지시받은 뒤 거절할 때는 서러운 감정이 올라와 운 적도 있다. 따사로운 대화였다고는 못 하겠다. 그렇다고 무례하지도 않았다.

윗사람과 면담을 할 때, 나는 요청하게 된 배경을 먼저 알리고 부당하게 느끼는 지점을 표현하려 애썼다. (그런 경우는 거의 없었지만) 상사가 반박하면 최대한 들어 보려 노력했다. 그리고 내 입장을 다시 설명했다. 그게 드세게 느껴진다면 그건 상대방이 감당할 몫이다. 온화하지 않다는 게 온당하지 않다는 것과 동의어는 아니다. 그럼에도 불구하고 늘 약자만 미소와 다정을 강요받는다. 문제 제기를 할 때조차 상냥해야 한다.

방송 직전까지 원고를 읽지 않는 진행자 때문에 극도로 스트레스를 받던 때가 있었다. 나는 참다 참다 진행자에게 면담을 요청했다. 어떻게 말해야 하나 고민하던 내게 한 선배가 이렇게 조언했다. "최대한 불쌍한 톤으로 호소해 봐."

진행자가 방송 3분 전에 원고를 처음 읽는 건 직무 유기다. 맡은 일에 책임을 다하라는 말도 약자는 읍소해야 했다. 물론 조언을 했던 선배가 악의를 품고 한 말은 아니다. 그녀는 오랜 경험으로 터득한 요령을 전수한 거였다. '약자니까' 자처해서 불쌍해져야 했다. 그렇지 않으면 '기가 세다'는 수식어를 갖게 됐다. 방송에서 일하는 프리랜서들은 그런 꼬리표를 두려워했다. 계약서도 없이 알음알음 소개로 일하는 경우가 태반이었기 때문이다.

나는 이제 바꿔 생각하기로 했다. 방송가에서 '기가 세다'는 소리를 들은 건 불명예가 아니다. 이건 그러니까 일하다 생긴 굳은살 같은 거다. 내가 나를 지키려다 생긴 상처가 아문 흔적이다. 더 이상 불쌍해지지 않기로 결심한 사람이 얻는 보상이다. 기왕 '기센 작가' 타이틀을 얻었으니 수식어를 확장시키며 살아 볼까 한다. 기센 여자, 기센 아내, 기센 친구로. 전보다 강단 있게, 질문을 멈추지 않으면서. 이목구비는 흐릿해도 또렷하게 말하며 살아야겠다.

뉴스의 그림자
인력

방송사의 보도국에서 일한다고 하면 흔히들 기자나 PD를 상상한다. 하지만 뉴스에도 작가가 존재한다. 나 역시 과거 한 방송사의 뉴스 프로그램에서 취재작가로 일한 경험이 있다. 당시 내가 소속됐던 팀에서 취재작가가 하는 업무는 상당히 포괄적이었는데, 취재원을 수소문해서 섭외하거나 녹취록을 타이핑하는 일을 하는가 하면 때로는 직접 현장에 나가서 사람들을 만나 인터뷰를 하기도 했

쓰지 못한 단 하나의 오프닝

다. 아이템마다 작가의 기여도가 달랐다. 예를 들어 A 사건은 작가가 녹취록 타이핑만 하고 기자가 취재를 맡았지만, B 사건의 경우에는 현장 취재와 인터뷰 등에 작가가 참여하는 형식이었다. 당시 우리 팀의 작가들은 맡은 아이템이 송출될 때 꼭 영상을 확인했다. 바이라인 때문이었다.

뉴스나 기사에는 바이라인(by-line)이라는 게 있다. 단순하게 말하자면 필자의 이름을 넣는 일을 뜻하는데, 인터넷이나 지면 기사에서 볼 수 있는 기자명이 바이라인이다. 뉴스 기사에도 바이라인이 있다. 리포트 영상 말미에 나오는 사람 이름이 적힌 자막을 기억하는지. 예를 들면 "영상취재 김 ○○, 박 ○○, 영상디자인 황 ○○, 영상편집 이 ○○" 이런 형태다. 영상을 촬영하고 편집하고 함께 취재한 이들의 이름이 3초 정도 영상 하단에 배치된다. 기사에서 바이라인은 단순한 이름 이상의 의미를 지닌다. 기사를 만든 이를 세상에 알리는 동시에 책임을 부여하기 때문이다.

뉴스 프로그램 근무 초기에는 바이라인이 별 문제가 되지 않았다. 취재작가의 기여도가 높은 기사에는 자연스레 바이라인에 작가의 이름이 들어갔다. (물론 작가가 단순 업무에만 기여한 기사에는 이름이 바이라인에 실리지 않았다.) 작가들은 본인이 작업한 기사가 송출되는 순간을 기다렸다. 취재와 섭외, 타이핑의 결과물이 세상에 나가는 순간이니까. 나와 함께 일했던 한 동료 작가는 본인 이름이 적힌 바이라인이 처음 나가는 날을 다이어리에 표시해 두고 고대하기도 했다.

그런데 어느 순간부터 기여도와 무관하게 리포트에서 작가의 이름이 사라지기 시작했다. 처음에는 실수겠거니 하던 작가들은 같은 일이 반복되자 촉각을 곤두세웠다. 인턴기자나 VJ, CG 담당자의 이름은 늘 빼놓지 않고 나가면서 작가들의 이름은 수시로 제외됐다. 작가들은 뉴스를 확인하고 허탈해하는 일을 더 이상 반복하지 않기 위해 상사에게 면담을 청했다. 작가가 취재에 기여한 기사에는 바이라인에 이름을 올려 달라는 요청을 하기 위해서였다. 상사는 자초지종을 듣더니 의아하다는 표정을 지었다. "아니, 바이라인 그게 중요한가?"

상사가 했던 말의 요지는 이거였다. 바이라인은 중요한 것이 아니며, 커리어를 쌓는 데 도움을 주지도 않는다고. 바이라인 그거 책임만 부여받지 딱히 좋은 것도 없지 않냐고. 면담은 합의점을 찾지 못하고 흐지부지 끝났다. 이제 와서 생각해 보면 상사가 일정 부분 우리를 보호하기 위해서였을지도 모른다는 생각이 든다. 뉴스가 주는 무게감이란 실로 엄청난 것이어서, 작은 오류라도 생길 경우 큰 역풍을 맞기 때문이다. 하지만 작가들은 긍지도 함께, 책임도 함께 하고 싶었다. 혹시라도 만들어 낸 기사로 인해 책임지게 될 일이 생긴다면 함께 책임을 지고, 고생 끝에 좋은 기사를 만들어 내면 바이라인으로 존재 가치를 알리고 싶었던 거다.

어쩌면 바이라인이 나가는 그 몇 초가 취재작가로서의 존재감을 확인할 수 있는 유일한 순간이었기에 더 예민했는지도 모르겠다. 당시 우리 팀 취재작가들은 보도국 한쪽 구석에서 '그림자'처럼 존재했다. 매일 출퇴근을 했지만 계약서 한 장 없는 신분이었고, 매일 노동을 했지만 결과물에 이름이 들어가지는 않았다. 보도국에서 일하는 사람들 대다수는 우리의 존재를 몰랐다. 작가들에게는 사원증이 아닌 출입증이 발급됐다. 내 출입증에는 'visitor'라는 글자가 쓰여 있었는데 나는 그 단어야말로 회사가 우리를 보는 시각을 가장 잘 표현한 거라고 생각했다. 나는 결국 그곳에서 그림자 역할을 견디지 못하고 8개월 만에 다른 회사로 이직했다. 내 이름과 바이라인을 찾아서.

시간이 4년 가까이 흘렀다. 최근 한 언론사에서 의미 있는 기획 연재물을 제안받았다. 그동안에는 방송을 만드는 사람들 가운데 PD나 출연자만 언론의 주목을 받았는데 이번에는 방송작가들을 조명해 보자는 기획이었다. 언론사의 기자와 프리랜서 집필 노동자인 내가 번갈아 가며 방송작가들을 인터뷰하는 형식이었다. 나는 단번에 이 기획이 마음에 들었다. '그림자'처럼 일하던 인물들이 음지에서 양지로 나와 방송을 만드는 일의 기쁨과 슬픔, 고통과 긍지를 말해 줄 수 있다면 의미 있는 프로젝트가 될 것 같았다.

나는 한 방송사의 뉴스 프로그램에 연락해 소속 작가 인터뷰를 요청했다. 오랜 시간 시청자들에게 신뢰받아 온 프로그램의 작가를 만나고 싶었다. 하지만 홍보 담당자는

쓰지 못한 단 하나의 오프닝

난감한 기색이었다. "아시겠지만 뉴스 작가를 외부로 노출시키는 건 회사 차원에서 지양하고 있어서요. 죄송합니다." 결국 작가를 연결시켜 줄 수 없다는 말만 듣고 전화를 끊어야 했다.

예전에야 뉴스 프로그램에 작가가 투입된다는 게 공공연한 비밀이었지만 아직까지 이럴 줄은 생각 못했다. 왜 이렇게까지 감추려 하는 걸까. 바이라인에서 빼고, 인터뷰를 불허하면서까지 말이다. 기자처럼, PD처럼 작가도 뉴스 제작 현장에서 자신의 일을 하는 것뿐인데 왜 작가만 매번 가려져야 하는지 모르겠다. 모두의 노고가 공평하게 드러날 수 있었으면 한다. 뉴스를 만드는 어느 누구도 그림자로 존재하지 않기를 바란다. 그런 의미에서 언젠가 뉴스 만드는 방송작가와 꼭 한번 인터뷰 해 보고 싶다.

오늘도 비정규직의 이름이
TV에 스치운다

한 편의 프로그램이 제작되기까지 몇 명의 비정규직이 필요할까. 문득 궁금해졌다. 프로그램으로 하려니 너무 커져서 작게, 코너 하나로 계산해 봤다. 서울에 위치한 모 방송국을 예로 들었고 프로그램 성격은 시사로 설정했다.

먼저 프리랜서인 작가와 정규직 기자가 아이템 회의를 한다. 촬영 아이템이 선정되면 사전조사와 장소, 인물 섭

외를 진행한다. 비정규직인 인턴기자와 함께 섭외나 사전 취재를 진행하기도 한다. 현장 촬영 당일 방송사 차량에 오른다. 운전석에는 파견 비정규직 운전노동자가 앉고, 나머지 좌석에는 정규직 기자, 프리랜서 작가, 비정규직 촬영기자가 동행한다. 촬영물은 프리랜서 작가의 프리뷰, 정규직 PD의 편집을 거쳐 비정규직 CG실 직원의 손과 비정규직 AD의 도움을 받아 완성된다.

정규직은 PD와 기자 2명뿐이다. 나머지 6명은 비정규직이거나 프리랜서다. 메이크업 아티스트 같은 이들은 집어넣지도 않았다. 심지어 코너 하나가 이 정도라면 프로그램 한 회를 제작하는 데 투입되는 비정규직의 숫자는 눈덩이처럼 커진다.

물론 내가 설정한 모 방송사보다 상황이 더 나은 곳도 있을 것이다. 그런 곳에서는 촬영기자나 CG실 직원이 정규직으로 일하고 있을 가능성도 있다. 하지만 아예 코너 자체를 통으로 외주화한다거나 PD나 진행자도 비정규직, 프리랜서로만 구성되는 프로그램도 많다. 아니, 그런 곳이 훨씬 많다. 예시로 든 곳은 서울에서도 처우가 괜찮기로 알려진 방송사다.

상황이 이렇다 보니 봉준호 감독의 영화 〈기생충〉이 방송계 비정규직들에게는 다른 의미로 '핫'했다. 스태프들과 표준 근로계약서를 작성해 근로 시간을 준수하며 제작되었기 때문이다. 방송사들은 '봉준호 감독'과 '근로계약서'라는 키워드를 기사와 영상으로 제작해 국민들에게 알렸다. 그런데 그 방송사들에서 제작되는 드라마 현장에서도 비정규직들과 '근무 시간을 보장받는' 표준 근로계약이 체결됐을까? 꿈같은 얘기다. 근로 시간 준수는 고사하고 하루 18시간 일한다는 드라마 스태프의 증언이 속출했다. 이들은 "카메라 뒤에 사람이 있다"고 외친다. 한 방송사 안에서 누구는 봉준호 감독의 표준 근로계약 체결을 칭송하고 누구는 비정규직으로 18시간 일하다 코피를 쏟는다. 이 모순을 어떻게 해야 하나.

소수의 정규직과 다수의 비정규직, 상근하는 프리랜서가 방송을 만든다. 방송가에서는 흔하디 흔한 모습이다. 하지만 익숙한 모습이 곧 옳은 모습은 아니다. 혹자는 방송의 외주화로 인해 전반적인 노동환경이 열악해졌기에 비정규직과 프리랜서의 장시간 노동, 낮은 임금, 불안정한 고용이 불가피한 것 아니냐고 말한다. 과연 그럴까?

장시간 근로하는 비정규직, 최저임금도 받지 못하는 프리랜서, 편법적인 턴키 계약이 가장 흔한 곳이 방송계다. 그런데 한 회사 안에 1억 원 이상 연봉자가 51.9%를 차지하는 것도 방송계다. (이 근거자료는 놀랍게도 KBS에서 나온 것인데, 2019년 9월 15일 윤상직 당시 자유한국당 의원실에서 내놓은 'KBS 전체 직원 중 60.8%가 지난해 연봉 1억 원 이상을 받았다'는 보도자료에 대한 해명자료였다. 실제로는 51.9%였다고.) '관행'이라는 미명으로 그간 얼마나 많은 비정규직, 스태프들이 최저임금도 안 되는 급여를 받았나. 기형적인 임금구조는 누가 만들었나. 사람을 '갈아서' 프로그램을 만들고 상을 받은 이들은 지금 어디에 있나.

쌓여 가는 질문들이 모여 결국 아래로부터의 개혁이

• turn-key 계약. 조명이나 동시녹음 등 일부 분야의 경우 팀 단위로 용역 계약을 맺어 팀장급 스태프가 책임을 지도록 하는 방식의 계약 형태. 방송사가 팀장급의 스태프에게 모든 책임을 넘기기 쉬운 구조라는 비판을 받고 있다.

시작됐다. 방송작가는 전국 언론 노동조합에, 방송 스태프들은 희망연대에 둥지를 틀었다. 노동자로서의 가장 기본적인 권리를 갖기 위해서다. 이들이 주창하는 이야기에 거창함이라고는 찾아볼 수 없다.

방송작가노조는 '막내 작가 최저임금 주기 운동'을 진행한다. 상당히 이상한 운동 아닌가. 소위 '막내 작가'로 불리는 신입 작가는 섭외부터 취재, 원고, 큐카드 작성, 심지어 주차 관리까지 온갖 잡일을 다 맡는다. 그런데 불과 얼마 전까지만 해도 받는 임금은 최저임금에도 미치지 못했다. 결국 노조에서 최저임금 좀 주자며 운동에 나섰다.

그런가 하면 스태프 노조는 "하루 8시간 수면권을 보장하라"고 외친다. 얼마나 심각하기에? 방송 스태프 지부 자체 조사에 따르면 지난 2018년 드라마 현장의 스태프는 하루 평균 20.4시간을 일했다. 한 해 뒤인 2019년에는 18시간으로 나타났다. 조금씩 나아지기는 했지만 여전히, 살인적인 노동 강도다. 수면권조차 제대로 지켜지지 않는다. 스태프뿐만 아니라 연기자, PD를 위해서도 빠른 개선이 절실하다.

프로그램 한 회를 만드는 데 상상 이상의 비정규직이 투입되는 것도 문제지만, 더 큰 문제는 비정규직과 프리랜서에게 가장 기본적인 권리조차 주어지지 않는다는 데 있다. 프리랜서라서 계약서 없이 일하고, 스태프라서 급여 대신 상품권을 받는다.˙ 찬란하게 반짝이는 연예인 뒤에는 최저임금도 못 받는 신입 작가가 있다. 사회 정의를 외치는 시사 고발 프로그램의 영상 촬영자 이름은 2년마다 바뀐다. 비정규직이기 때문이다.

나는 방송을 꿈꾸던 이들, 열정으로 버티던 이들이 다치고 병드는 것을 더 이상 보고 싶지 않다. 사람을 갈아 넣는 방송은 시청자 입장에서도 달갑지 않다. 그나마 최근 변화의 바람이 불고 있다. 방송 스태프도 근로계약서를 쓰는 일이 생겼고, 포항 MBC에서는 작가들과 근로기준법상 해고예고수당에 준하는 보호장치˙˙를 마련했다. '아래로부

˙ SBS, 지난 3년간 부적절한 '상품권 페이' 22억 원(2018.1.18. 한겨레)
˙˙ 회사가 방송작가와 계약 기간 만료 전 계약을 해지할 경우 4주 전에 사전 통보하고 이를 어기면 위로금으로 한 달 치 원고료를 지급하는 방안. 방송작가 해고 문제와 관련해 국내 방송사에서 최초로 실행된 실질적 보호 대책이다.

터의 개혁'을 위해 양대 노조가 찬바람 맞아 가며 이룬 성과다. 이제는 '위'에서도 답할 차례다.

오늘 밤에도 TV 프로그램 스크롤에 수많은 비정규직의 이름이 스치운다. 이들이 오늘은 부디 밤샘 하지 않기를. 해야만 한다면 그 노동 시간에 준하는 급여를 받을 수 있기를. 혹시라도 부당한 일을 겪을 때, 상담이라도 받아 보기를 바랄 수밖에.*

---

* 방송작가유니온과 한빛미디어노동인권센터에서는 전화와 홈페이지 등 여러 창구를 통해 노동 상담과 신고를 진행하고 있다.

놀랍도록 창의적인
'변종 계약서'

화장품을 좋아하는 사람들 사이에는 이런 말이 돈다. "하늘 아래 같은 색조는 없다." 아무리 비슷한 색감과 발색을 가진 화장품이라고 해도 완벽히 같을 수는 없다는, 이미 해 버린 소비를 합리화해 주는 문장이다. 이 말이 방송 업계에서는 이렇게 치환된다. "하늘 아래 같은 만행은 없다."

지난 2017년 겨울, 처음으로 방송작가 집필 표준계약서라는 게 마련됐다. 문화체육관광부가 방송작가, 방송사, 제작사 등과 1년이 넘는 협의를 거쳐 만든 포맷이다. 소식을 접한 프리랜서 방송작가들은 기뻐했다. 종이 한 장 없이 구두로 채용되고 하루아침에 잘리던 나날들이여, 이제는 안녕.

그리고 3년이 지났다. 방송계 프리랜서들의 숨통이 좀 트였을까? 쉽게 '그렇다'고 하기 어렵다. 하늘 아래 같은 만행은 없다더니, 계약서가 없어 태연자약하게 이뤄지던 일들이 계약서 아래서 섬세하고 교묘하게 이뤄졌다. 계약서가 개'악'서가 되어 버렸다. 계약서 도입 전과 후를 '김보통 작가'의 예로 비교해 본다.

표준계약서 도입 전, 김보통 작가는 모 프로그램의 모집공고를 보고 이력서를 제출했다. 공고에는 급여가 명시되어 있지 않았다. 다만 '상근'이라는 글자는 명확하게 보였다. 면접 이후 합격 연락이 왔다. 김보통 작가는 첫 출근을 하고 나서야 급여와 근무 시간을 정확히 파악할 수 있었다. 계약 기간을 묻자 '그런 것 없이 쭉 일할 수 있다'는 답이 돌아왔다. 안심하고 상근 근무에 들어갔지만 채 1년이 되기도 전에 김보통 작가는 당일 해고 통보를 받았다. 계약서를 쓰지 않았으니 계약해지가 아니라는 관리자의 말이 비수가 되어 김보통 작가의 가슴에 꽂혔다.

표준계약서 도입 후, 김보통 작가는 모 프로그램의 모집공고를 보고 이력서를 제출했다. 공고에는 '상근'이라는 글자가 명시되지 않았다. 업무를 수행하려면 작가가 상근해야 하지만 '꼬투리'를 잡히지 않기 위해 프로그램 측에서 그 사실을 기재하지 않았다. 면접 이후 합격 연락이 왔다. 김보통 작가는 방송사와 계약서를 썼다. 그런데 문체부 권고 표준계약서와는 내용이 좀 달랐다. 계약 기간은 1년 단위로 연장되는 형태였지만 '계약 기간 종료 전이라도 계약을 해지할 수 있다'는 단서조항이 들어 있었다. 김보통 작가는 찜찜했지만 꼭 일하고 싶었던 프로그램이기에 계약서에 사인했다. 그리고 1년이 되기도 전에 해고 통보를 받았다. 계약 기간이 남았지만 단서조항이 있어 해고가 불법이 아니라는 관리자의 말이 비수가 되어 김보통 작가의 가슴에 꽂혔다.

계약서조차 없는 열악한 환경이 더 나쁠까, 아니면 독소조항이 포함된 계약서를 쓰는 것이 더 나쁠까. 나는 그나마 계약서가 필요하다고 보는 쪽이다. 계약서는 방송계 프리랜서들에게 에어백과도 같다. 그나마 1년 단위의 고용 안정도 계약서가 생기기 전에는 없던 일이다. 계약서 도입 전만 해도 그저 프로그램 책임자의 말 한마디에 작가의 생사여탈권이 달려 있었다. 방송계 프리랜서들은 선의나 믿음, 함께 보낸 시간에 따른 신뢰 같은, 그런 형태 없는 것들에 기댈 수밖에 없었다. 내게 신뢰를 가진 PD가 프로그램을 떠난다? 그간 쌓은 업무 전문성과 관계없이 내 신뢰도는 다시 제로가 되었다. 생사여탈권을 쥔 사람에게 어떤 문제 제기를 할 수가 있을까. 고분고분하지 않아서, 시키는 일만 해서, 불편한 소리를 해서 등의 이유로 작가가 사라지는 일이 빈번하게 생겼다. 작가들은 점차 목소리를 잃었다.

그런 업계 환경에서 표준계약서라니, 반가울 수밖에 없었다. 이제는 하루아침에 내쳐지지 않겠다는 희망이 생겼다. 그런데 '언제든 상황에 따라 계약 기간 중에도 계약을 해지할 수 있다'니… 이런 내용의 조항은 기껏 마련한 에어백에 구멍을 내는 꼴이다. 구멍 뚫린 에어백은 아무 기능이 없다. 그저 거추장스럽기만 할 뿐.

피해 사례도 놀랍도록 다채롭다. 방송작가유니온(방송작가노조)이 지난 2018년 12월 26일 공개한 「방송작가 집필 표준계약서 도입 1주년 토론 자료집」에 따르면 A 방송사는 6개월 단위로 고용 기간을 한정하더니 급기야 1개월, 3개월짜리 계약서를 만들었다. B 방송사는 계약서 안에 '성실히 수행하지 않은'이라는 문구를 넣으려다 노조의 교섭으로 독소조항을 수정했다. 사용자의 자의적 해석으로 쉬운 해고를 이뤄 내려던 시도가 무산된 것이다. 참으로 창의적인 계약서 변형 사례다.

하늘 아래 같은 만행은 없다. 만행도 진화한다. 정부가 방송 집필 표준계약서를 만들면 사측은 계약서 내용을 고치며 변화를 막는다. 창과 방패를 보는 것 같다. 계약서 도입 이후에도 작가 처우는 도긴개긴이다. 그런데 이 모습을 보면서도 작가들은 무력감에 침잠하지 않는다. 다소 두렵긴 하지만 땅 위에 두 발 단단하게 딛고 서 있는다. 다음

고난은 무엇일지 궁금해하며 다음 스텝을 준비한다. 방송계의 공고한 관행만큼이나 수십 년간 방송국 안에서 산전수전 다 겪은 작가들의 맷집도 만만치 않은 것이다.

아끼는 동료에게도 "계약서를 요구하라"는 말을 하기가 쉽지 않다. 계약서를 요구했다는 사실만으로도 하루아침에 일터에서 증발할 수 있기 때문이다. 계약서를 쓰랬더니 노예계약서를 쓰고 올까 봐 겁도 난다.

업계의 스산한 얘기를 잔뜩 늘어놓았지만 나는 내가 일하던 공간과 업무를 정말 좋아했다. 저임금, 무계약으로도 놓을 수 없는 기쁨이 있었다. 심보선 시인이 고백한 것처럼 나 역시 '끝까지 신랄할 수 없는 사람이며, 사실은 희망하기 위해 비관하는 사람'인지도 모르겠다. 그래서 더 쓰고자 했다. 방송이 절대 다루지 않는 방송국 사람들의 이야기를. 쓴다고 당장 바뀌는 건 없겠지만 그래도 쓴다. 이 글을 읽고 한 명의 프리랜서라도 불공정한 계약서를 걸러내게 된다면, 그에 앞서 사측에 계약하자고 내밀 방송집필 표준계약서라는 게 있다는 사실을 알게 된다면, 그걸로 충분하다.

이런 가족은
사양합니다

방송작가가 되기 전에도 임시직부터 정규직까지 다양한 형태로 다양한 곳에서 일을 해 봤지만 딱 한 가지, 프리랜서로 일해 본 적은 없었다. 그런데 이 프리랜서라는 네 글자가 방송작가 일을 하면서 가장 큰 걸림돌이 될 줄이야.

최저임금에 미달되는 급여를 받아도 문제 제기를 할 수 없는 것도, 유급 휴가가 없는 것도, 사측이 계약서를 써 주지 않는 것도 모두 저 네 글자, '프리랜서'라서였다. 그렇다고 정말로 '프리'했느냐 하면 그렇지도 않다. 데일리 라디오 프로그램을 맡고 있으니 매일 출근해서 근무했다. 내책상이 존재했다. 사람들은 날 찾을 때 편성국 끝에서 세번째 책상에 오면 되었다. 하나도 자유롭지 않은데 프리랜서라고 불렸다. 하지만 가장 큰 문제는 실패할 때만 '프리'해진다는 데 있었다.

방송만큼 업무 성과가 빠르게 공개되는 업계도 드물다. 시청률과 청취율에 의해 움직이는 세계이다 보니 피드백이 즉각적인 편이다. 특히 라디오 음악 프로그램에서 일하던 때에는 꼭 청취율 조사가 아니더라도 매일 청취자들이 보내 주는 문자를 통해서 반응을 가늠할 수 있었다. 청취자 반응이 괜찮은 날에는 퇴근길 세상이 보정 필터를 끼운 것처럼 청량하게 보였지만 반응이 영 좋지 않은 날에는 흑백 필터를 끼운 것처럼 어둑했다. 그런 날이면 어떻게 다시 호응을 이끌어 낼 수 있을까 골몰하며 집에 가곤 했다.

비단 작가뿐만이 아니다. 진행자도, PD도, 엔지니어도 비슷한 마음일 것이다. 한 프로그램 안에서 우리는 팀 플레이어이니까. 머리를 맞대 전술을 짜고, 온에어 버튼에 불

쓰지 못한 단 하나의 오프닝

이 들어오면 각자의 자리에서 최선을 다하니 어찌 아니겠는가.

그런데 1년, 2년… 시간이 지나며 한 가지 깨우친 것이 있다. 방송계처럼 사람이 쉽게 나고 드는 곳도 드물다는 사실이다. 개편 때가 되면 있던 사람이 없어지고 새로운 사람이 생기는 일이 많았다. 미처 얼굴과 이름을 다 외우기도 전에 바뀌는 경우도 허다했다. 그즈음 나는 '우리 팀이 정말 팀 맞는 걸까?' 하는 의문을 품기 시작했다.

얼마 전 한 방송사에는 이런 일이 있었다. 작가와 기자로 구성된 A 프로그램이 부진을 겪었다. 갑작스럽게 작가들이 소집됐다. 모여 앉은 작가들에게 팀장이 한 말은 "계약이 끝났다"였다. 근무기간도 논의된 적 없고, 계약서도 쓴 적 없는 작가들•로서는 황당한 일이었다. "그럼 우리 보

• 전국언론노동조합과 방송작가유니온이 함께 발간한 「2016 방송작가 노동인권 실태조사 보고서」에 따르면 방송작가 640명 가운데 사용자와 '서면계약'을 체결했다고 응답한 비율은 6.6%인 42명에 불과했다. 반면, '노동조건에 대해 대략적인 설명만 들었다'고 응답한 비율은 68.6%인 447명이었으며 심지어 '노동조건에 대해 전혀 모르는 상태로 업무를 시작했다'는 응답은 24.6%인 151명에 달했다.

고 어떻게 하라는 것이냐." 작가들이 물었지만 그 누구도 답을 주지 않았다. 작가들에게는 다음 달 언제까지 일하라는 통보만 내려왔다. 당장 생업을 놓게 된 그들을 구해 준 것은 회사가 아닌, 역시 프리랜서인 다른 프로그램의 선배 작가였다. A 프로그램은 그렇게 끝났다. 작가진은 공중분해 되었고 기자들은 남은 채로.

참 이상하다. 한 프로그램이 성공을 거두면 기쁨은 다 같이 나누는데, 프로그램이 성과를 내지 못하면 그 실패는 온전히 진행자나 작가의 몫으로 돌아갔다. 이들에게는 실패가 허용되지 않았다. 대부분 진행자가, 가끔은 작가가 프로그램 부진의 실패를 십자가처럼 혼자 등에 메고 잘렸다. 마이크 앞에 있거나 원고 앞에 있는 사람들. 말하고 쓰는 사람들. 이들의 업무적 공통점은 딱 하나다. 프리랜서라는 것. 계약서가 없거나 계약서를 썼어도 '개편과 동시에 계약이 종료될 수 있다'는 독소조항이 들어간 계약서를 썼거나.

잘되면 다 같이 즐겁고, 안될 때는 다 같이 침통한 것이 팀이다. 한 사람이 프로그램을 구성하고, 기획하고, 진행까지 다 한다면 모를까 프로그램 안에서 각자의 역할이 있을 경우 공동의 실패는 공동의 책임이다. 그런데 이 당연한 상식이 매번 깨졌다. 나는 점점 "한 팀인데 이해 좀 해 달라"거나 "가족 같은 우리 사이에 왜 그러느냐"는 말에 화창한 얼굴로 대꾸하는 일이 힘에 부쳤다. 햄버거 세트 사은품으로 받는 유리컵보다 더 깨지기 쉬운 것이 '우리 팀', '우리 사이'라는 사실을 매 년, 매 분기마다 느꼈기에.

진정한 의미의 팀이라면 성공의 과실도, 실패의 쓴맛도 다 같이 나눠야 한다. 적어도 어제까지는 한 팀이었다가, 오늘 면전에서 문을 쾅 닫지는 말아야 한다. 그것도 사람의 이야기를 다루는, 공정과 정의를 탐구하는 방송이라면 더 그래야 한다.

좋을 땐 가족이었다가, 팀이었다가, '우리 사이'였다가 어려워지면 특정인만 사라지는 건 대체 어떤 가족이고 어떤 사이인 걸까. 도무지 알 수가 없다. 한 가지 확실한 건 이런 가족은 사양하고 싶다는 거다.

계약서 팀장을
이해하기까지

숲속에 있으면 숲을 제대로 볼 수 없는 것처럼, 거리감을 두고 나서야 제대로 보이는 일들이 있다. 내겐 방송의 노동 현장이 그랬다.

방송국에서 상근 작가로 일하던 당시에는 자주 분노했다. 불공정을 파헤치는 방송사가 내부에 들어가 보니 '불공정 백화점'이라서 나는 늘 화가 났다. 동시에 나 자신이 방송계 먹이사슬의 최약체처럼 느껴져 언제나 가시를

쓰지 못한 단 하나의 오프닝

세울 태세로 살았다. 그러지 않으면 스스로를 지킬 수 없을 것만 같았다.

서울의 한 방송사에서 상주 작가로 일하던 시절, 나는 계약서가 쓰고 싶었다. 그 두 장짜리 문서가 없으니 노동자로서 주장할 수 있는 권리가 하나도 없었다. 공식적인 연차도, 야근수당도, 퇴직금도 먼 나라 얘기였다. 마침 함께 일하던 동료 작가가 계약서 문제를 먼저 거론했다. 우리를 뽑았던 팀장은 계약서 얘기에 난감한 눈치였다. 그는 잠시 생각하더니 "회사에 알아보겠다"고 했다.

몇 번의 재촉과 몇 번의 미적지근한 유예가 오가길 반복하며 두 달이 지났다. 우리는 팀장과 함께 식사를 하다 다시 한 번 계약서 작성을 요청했다. 그리고 그의 입에서 예상하지 못한 말이 흘러나왔다. "회사에서는 어려울 것 같다는데… 그럼 계약서를 나랑 쓸래?" 어안이 벙벙했다. "계약서를 팀장님이랑 저랑 쓰자고요? 갑이 팀장님, 을이 저고요?" 그는 쓸쓸하게 고개를 주억거렸다. 그날 퇴근하고 집에 가는 버스 안에서 나는 압력밥솥에서 증기 빼듯 길게 한숨을 쉬었다. 하지만 아무리 길게 한숨을 쉬어도 분은 빠져 나가지 않았다.

결국 그곳을 나갈 때까지 계약서를 쓰지 않았다. 백 번을 생각해 봐도 팀장과 계약을 하는 건 의미가 없었다. 그렇게 계약서를 쓰고 만에 하나 내가 퇴직금 지급 진정을 넣는다고 치자. 그러면 회사가 아닌 팀장과 싸워야 하는 것 아닌가. 갑이 팀장, 을이 나니까. 그게 무슨 의미가 있겠나 싶었다. 그래도 화는 났다. 끝내 계약서를 써 주지 않는 팀장에게, 싸우지 못하는 자신에게.

'계약서 일화' 이후로도 많은 일을 겪었고 방송을 놓은 지 2년이 지났다. 요즘 내 마음속 압력밥솥은 잠잠하다. 2년이라는 시간도 시간이지만, 그보다 더 큰 역할을 했던 건 '쓰기'였다. 처음에는 치밀어 오르는 분을 가라앉히기 위해 썼다. 그다음에는 도무지 이해할 수 없는 방송가의 부조리를 해석해 보려는 몸부림으로 썼다. 쓰고, 사유하다 보니 사람을 향한 분노와 적대도 사그라들었다. 어쩌면 그동안 나는 엉뚱한 곳에 화를 내고 있었는지도 모르겠다.

팀장의 입장을 생각해 본다. 팀에서 일하는 작가들은 계약서를 요구하고, 회사에서는 프리랜서인 작가들과 계약서를 써 줄 수 없다고 했을 것이다. 결국 그는 작가들에게 본인이 갑, 작가가 을인 계약서를 쓰자는 얘길 꺼낸다. 어떻게 이런 말이 나오게 됐을까? 두 가지로 생각해 볼 수 있겠다. 1. 회사가 시켰거나 2. 본인 아이디어거나. 첫 번째 경우라면 그도 일종의 피해자다. 방송사가 마땅히 해야 할 '갑'의 역할을 팀장 개인에게 전가해 버린 거니까. 두 번째 경우라고 해도 마음이 좋지 않다. 계약서를 요구하는 작가와 써 줄 수 없다는 회사 사이에서 궁여지책으로 짜낸 방안일 테니까. 그렇게 팀장이 갑, 작가가 을인 계약서를 쓴 뒤 문제가 생기면? 그 부담은 오롯이 본인이 지게 된다는 걸 그도 알고 있었을 것이다. 그럼에도 불구하고, 어쩔 도리가 없어서 꺼낸 말이었을 거다.

팀장도 크게 보면 한 사람의 노동자일 뿐이다. 팀장의 상사는 부장이고, 부장의 상사는 국장이며, 국장에게도 상사가 여럿 있다. 회사를 이끄는 건 방송 제작 현장에 없는 경영진들이다. 그들의 판단과 결정이 나머지를 움직이게 한다. 팀장에게 방송사 내 모든 프리랜서의 계약 문제를 결정할 권한이 있는 것도 아닌데 나는 왜 그에게만 유감을 품었을까. 행위의 주체인 몸통은 보지 않고 손가락 끝만 하염없이 바라본 셈이다.

　물론 내가 '좋은 팀장'을 만나서 이런 마음을 품게 되었을 수도 있다. 방송가 프리랜서는 같이 일하던 PD에게 "고분고분하지 않아서", "휴가를 요구해서" 해고되기도 한다. 팀을 이룬 PD의 인성에 따라 프리랜서의 거취가 결정된다는 건 농담이 아니다. PD가 작심하고 칼자루를 쥐면 버틸 수 있는 프리랜서는 없다. 그렇다고 해서 칼춤을 추는 PD만 문제라고 할 수 있을까. PD에게 칼을 쥐여 준 이들은 어디에 있을까. 그들이야말로 문제의 주체 아닐까.

　방송판 안에서 노동자들은 수시로 서로를 등져야 하는 처지에 놓인다. 방송사는 정규직 노동자에게 프리랜서 인력 채용과 해고를 전담시킨다. 시사도, 예능도 마찬가지다. 드라마 제작 현장은 이런 현상이 더 두드러진다. 방송사에서 제작사로, 제작사에서 조명팀, 녹음팀 등 팀별로, 각 팀에서 스태프로 다단계식 하도급 고용이 이뤄진다. 그러니 드라마 제작 현장에서 사고가 생겨도 하청업체인 제작사 팀장급에게 모든 책임이 전가되는 일이 생긴다. '원청'인 방송사는 쏙 빠진 채로.

요즘 '대세'라는 뉴미디어는 어떤가. 방송과 언론은 유튜브를 비롯한 뉴미디어 시장 진출에 앞다투고 있지만 정작 그 안에서 콘텐츠를 만드는 인력들은 대다수가 비정규직이거나 프리랜서다. 한 팀 안에서 한두 명의 정규직이 나머지 비정규직, 프리랜서, 인턴을 채용하고 관리하는 경우도 흔하다. 이제 방송사는 노동자를 직접 관리할 필요가 없다. 노동자가 노동자를 고용하고 해고하는 완벽한 구조가 만들어졌기 때문이다. 이 구조 속에서 노동자와 노동자가 적대하지 않을 확률이 얼마나 될까. 진정한 갑은 장막 뒤로 사라지고 노동자가 허울뿐인 갑이 되는 시스템 속에서 모두가 평화롭기란 얼마나 어려운 일인지.

이제 나는 '계약서 팀장'을 어느 정도 이해한다. 적대 권하는 세계 안에서 그는 그 나름의 최선을 다했으리라 믿는다. 그도 나를, 나와 함께 일했던 작가들을 이해해 주기를 바란다. 그와 우리는 사용자와 피사용자가 아닌, 선배와 후배였으니까. 같은 아이템을 붙들고 고민하고 씨름하던 팀장과 팀원이었으니까. 그도 우리도 노동자였으니까. 그가 우리를 '불공정에 소심하게 반항하던 후배들'로 기억해 줬으면 좋겠다.

시시하고 간단한
이별

2019년 3월의 마지막 목요일, 매일 나가던 방송사에 더 이상 출근하지 않게 됐다. 정확하게는 '계약 만료'라고 할 수 있겠다. 계약서상 명시된 1년을 채우면 나가 달라는 말을 PD에게 들은 것이다. 그 말을 들으며 휴대전화 달력을 살피니, 1주일 뒤였다. 사실 방송작가라는 업이야말로 언제 어떻게 잘려도 이상하지 않은 일이다. 나야 그래도 계약서라도 있었지만 그마저도 쓰지 않는 곳이 많으니까.

계약 만료 통보를 받고 처음은 딱 죽을 맛이었다. '내가 뭘 잘못했길래?'라는 물음이 수도 없이 머리를 괴롭혔다. 그렇게 이틀 시름시름 앓고 나서 해고된 지 사흘 만에 분연히 이불을 차고 일어나 양푼에 열무김치와 밥과 고추장을 비벼 먹었다.

비빔밥을 해 먹고 3주가 또 흘렀다. 많은 일이 있었고, 아무 일도 없었다. 나는 여행을 다녀왔고, 죽어 가던 식물을 돌보고, 운동을 하고, 사람들을 만나 술을 마시고, 책도 읽고… 데일리 라디오 방송을 하느라 미뤄 오던 일들을 해치웠다. 하지만 내가 몸담았던 방송은 문자 그대로 '아무일'도 없었다. 여전히 방송은 잘 진행되었고, 달라진 것이라고는 방송 말미 작가 소개에 내 이름이 빠졌다는 것 정도. 그 미세한 차이뿐이었다.

3주간 여행부터 원예까지 바쁘게 보낸 데는 다소 불건전한 이유가 있다. 현실을 외면하고 싶어 공연히 부산스럽게 움직였다. 그래서 일부러 '쓰는 행위'를 멀리했다. 쓰기 위해서는 생각을 해야 하고, 생각을 하다 보면 다시 마음이 쓰리니까. 여행을 가서도 펜을 들지 않았고, 책을 읽고

쓰지 못한 단 하나의 오프닝

나서도 아무 기록도 남기지 않았다. 그렇게 부유하는 먼지처럼 20일을 보내고 나니 그제야 좀 정신이 들었다. 결국 기록하지 않으면 휘발되는 것이다.

당시 내가 소속되어 일하던 프로그램은 매일 2시간 동안 진행되는 라디오 방송이었다. PD 한 명, 진행자 한 명, 작가 두 명이 팀을 이뤄 일했다. 오프닝부터 엔딩까지 내 손이 닿지 않은 곳이 없었다. 계약만료 통보를 받기 하루 전에도 프로그램 아이디어 회의를 같이 했었다. 그런데 하루 만에 나는 '우리'가 아니라 '타인'이 되어야 했다. PD가 생사여탈권을 쥔 프리랜서 작가였기 때문에. 내가 겪은 가장 간단한 해직이었다.

PD는 "작가님도 생활을 하셔야 하니 다음 주까지는 나오시는 게 어떻겠냐"고 했지만 그럴 자신이 없었다. 당장 내일부터 나는 어떤 얼굴로 어떻게 앉아 있어야 한단 말인가. 스태프들 얼굴을 볼 자신이 없었다. 눈물 콧물을 쏟으며 일주일 동안 버텨야 한다니. 청승도 청승이지만 그 아쉬움을, 그 황망함을 어떻게 해야 할까. PD에게 조용히 나가게 해 달라고 부탁을 했다. 그렇게 나와 그 프로그램의 인연이 끝났다.

'계약 만료' 통보가 끝나고 자리에서 일어나는 찰나, PD가 짐짓 이마에 내 천 자를 그리고 묻는다. "작가님, 운전은 하실 수 있겠어요?" 네. 그럼요. 지금 당장 집에 가서 베개에 얼굴을 파묻고 울어야 하거든요. 그러려면 집까지 운전해서 가야지요. 부디 운전 걱정일랑은 넣어 두시고 계약을 끝내는 이유나 알려 달라는 말이 목젖까지 올라왔다. 커피나 한 잔 하며 하자던 이야기는 결국 그러니까, 해고 통보였던 거다. 너털너털한 걸음으로 집에 도착했다. 식탁 위에 가방을 올리려다 또 마음이 내려앉는다. 식탁에는 코너 아이디어 회의용 페이퍼와 프로그램 원고가 어지럽게 펼쳐져 있었다.

나는 서른하나의 늦은 나이에 방송작가로 전직했다. 나이에 비해 연차는 높지 않지만 시사부터 뉴스, 음악까지 운 좋게 다양한 프로그램들에 참여해 볼 수 있었다. 프로그램이 없어지는 일도 생기고, 또 의도치 않게 다른 프로그램으로 옮기게 되는 경우도 있었지만 이런 경우는 처음

쓰지 못한 단 하나의 오프닝

이었다. 내가 너무 안일했나 싶다. 프리랜서는 늘 바람 앞의 촛불 같은 처지라는 걸 잊고 천년만년 이 프로에 몸담을 것처럼 일했다. 그래서 후폭풍이 거셌다.

그나마 날 다독여 준 건 동료들의 마음이었다. 같은 프로그램에서 일하던 기술 감독과 진행자, 후배 작가가 국장을 찾아가 자초지종을 묻고 항의했다는 이야길 들었다. 고위직의 말 한마디로 명운이 갈리는 방송계에서는 일어나기 어려운 일이다. 후배 작가가 내게 전화해 울먹이며 말했다. "선배, 진짜 속상해요…." 속상해하지 말라고, 나 괜찮다고 후배를 다독여 주고 전화를 끊었다. 다 뽑아낸 줄 알았는데 다시 눈물이 흘렀다. 동료들의 마음에 감복해서 울고, 그럼에도 불구하고 돌아갈 수 없다는 걸 알아서 울었다.

나중에야 알았지만 프로그램의 PD가 바뀌면 작가가 '물갈이' 되는 건 흔한 일이었다. PD가 자신과 결이 맞는 작가를 데려오거나, 새로 모집 공고를 내기도 한다. 고용 형태가 프리랜서라는 이유만으로 방송작가는 늘 불안정한 노동조건을 감내해야 한다.

혹시 현직 방송작가이거나, 작가를 꿈꾸는 분이 이 글을 보게 된다면, 앞에서도 말했지만 꼭 계약서를 쓰길 바란다. 계약서는 방송계 프리랜서의 명줄을 그나마 시한부로 연장시켜 주는 최소한의 안전장치다. 요즘은 방송국에서도 다들 계약서를 쓰는 추세이지만, 그렇지 않을 땐 먼저 말이라도 꺼내 보기를 권한다. 갑이 계약서를 써 주지 않는다고 해도, 을이 요청했다는 것. 작은 것이 쌓여 거대한 흐름이 되기도 하는 법이니까. 내 해직 스토리는 이렇게 시시하게 끝이다. 만약 언젠가 방송작가로 다시 살게 된다면 시시한 이별 따위 없이, 즐겁게 오래 일해 보고 싶다. 어려운 소망일까.

프리랜서에게
근사한 퇴사란

숨 쉬듯 한숨을 쉬던 동료가 어느 날부터 온화한 미소를 짓고 있다면, 아끼던 물건을 주변에 나누어 준다면 그는 높은 확률로 '퇴사자'일 것이다. 퇴사는 마음을 먹기까지가 지옥이라서 그렇지 일단 결심을 한 뒤에는 전에 없는 평정심이 발휘된다. 예비 퇴사자의 마음은 하해 같아서 원수 같던 상대와도 일대일 하하호호 티타임이 가능해진다. 한 달 뒤면 안 볼 사람이니까.

퇴사를 하는 과정은 또 어떤가. 불미스러운 일로 나가지 않는 이상 퇴사는 격식을 갖춰 진행된다. 근로자가 퇴직 의사를 상급자에게 밝히고, 면담을 한 뒤 사직서를 낸다. 업계마다 다르겠지만 퇴사 한 달 전쯤 내는 게 일반적이다. 사직서가 수리되면 공식적으로 퇴사 예정자가 된다. 이후 회사와 근로자가 함께 퇴사 일정을 조율한다. 퇴사 일자가 확정된 날부터는 송별회의 연속이다. 둘이서 소소하게 식사를 하면서 퇴사를 축하하기도 하고, 부서 전체 직원이 모여 밥을 먹으며 아쉬운 마음을 달래기도 한다. 퇴사 전에 쌓여 있는 연차도 다 소진해야 한다. 몸담은 회사에서의 마지막 유급 휴가를 즐긴다. 마침내 D-day가 되면 퇴사자는 부처의 은은한 미소를 입가에 머금은 채 상사와 동료, 후배들과 인사를 나눈다. 그리고 퇴사 이후에 가장 중요한 일이 남아 있다. 마지막 급여일에 월급과 함께 퇴직금이 입금된다. 이직을 하기 전까지 퇴직금은 '비빌 언덕'이 되어 준다.

(이렇게 말하니까 다소 이상한데) 나는 퇴사를 좋아했다. 퇴사를 결심한 뒤 밀려드는 해방감과 내게 남아 있을 가능

쓰지 못한 단 하나의 오프닝

성을 가늠하는 일이 좋았다. 회사 눈치를 보느라 쌓아 둔 연차를 시원하게 쓰는 것도, 짧은 여행을 한 뒤 다시 구직 준비에 불타오를 결의를 다지는 것도 짜릿했다. 퇴사보다는 퇴사의 과정이 좋았던 것 같다. 퇴사 이후 은행 계좌에 들어온 퇴직금을 들여다보면 내가 회사 안에서 성실하게 기능했다는 증거를 보는 것 같아 흐뭇했다. 이젠 다 먼 얘기가 되었지만.

방송작가로 사는 동안 매일이 충격의 연속이었지만 (네? 상근하는데 계약서를 안 쓴다고요? 4대 보험도 적용이 안 된다고요?) 퇴직은 또 다른 놀라움의 영역이었다. 다른 업종에서 일을 하다 이직한 내게 퇴사라는 건 정해진 프로세스를 따르면 되는 일이었다. 그런데 내가 알던 상식이 또 한 번 무너졌다. 방송 프리랜서에게 격식을 갖춘 퇴사란 존재하지 않았다.

물론 방송가에도 퇴사 절차라는 게 있고 서류와 퇴직금이 있다. 그러나 그건 소수 정규직에 한해서다. 오로지 프리랜서만 있던 방송작가 직군은 퇴사 과정이 존재하지 않았다. 작가뿐만이 아니다. 리포터나 기상캐스터도 마찬가지였다. 내가 몸담았던 방송 현장은 방송사 정규직보다 프리랜서나 비정규직의 비율이 압도적으로 높았다. 예를 들어 PD가 퇴사를 하면 사직서를 내고 연차를 쓴 뒤 퇴직금을 받았지만, 같은 프로그램 안의 작가가 퇴직 의사를 밝히면? 아무 행위도 필요가 없었다. 심지어 사직서조차 쓰지 않았다. 정말 몸만 나가면 그만이었다. 모든 공식적인 절차가 무시됐다. 프리랜서의 퇴직은 이메일 계정 하나 지우는 것만큼 간단했다. 상근하던 작가들은 회사에서 본인이 쓰던 칫솔과 컵을 챙긴 뒤 조용히 떠나갔다. 연차도, 퇴직금도 없이.

방송작가 L 선배가 생각난다. 그녀가 쓰던 책상은 늘 단정했다. 방송 자료며 간식이며 올려 두던 내 책상과 다르게 깨끗하다 못해 휑했다. 그녀는 방송사에 상주하며 일하면서도 별다른 물품을 가져다 두지 않았다. 물품은 최소한으로 쓰되, 그마저도 가방에 가지고 다녔다. 볼펜도 노트도 챙겨 다녔다. 그런 선배가 대단해 보였지만 따라 할 자신은 없었다. 나는 여름이면 발을 시원하게 해 주는 풋스프레이부터 겨울엔 폭신한 털 실내화까지 죄다 회사에 두고 다녀야 직성이 풀리는 타입이었다. 나는 그녀에게 "선배, 다 가지고 다니려면 귀찮지 않아요?"라고 물었다. 그러자 그녀가 답했다. "난 이게 더 편해. 언제 나가게 될지도 모르는데 뭘." 당시 7년 차 작가였던 L 선배는 늘 그렇게 책상 위를 비워 두고 지냈다.

그녀는 매 해 갑작스럽게 사라지는 사람들을 보았을 것이다. 개편 시즌이 되면 작가나 진행자가 소리 소문 없이 사라졌다. 느닷없고 황당한 퇴직이었다. 나도 갑작스럽게 해직을 겪으며 방송사에 남아 있던 개인 물건을 가지러 가는 일조차 싫어서 작가 후배에게 따로 연락을 했다. 남아 있는 물건이 많지도 않지만 쓸 만한 건 다 가지라고. 혹시 갖고 싶은 게 없으면 버려 줄 수 있냐고. 핸드크림이나 위장약을 가지러 해직된 방송사에 가기에 나는 너무 지친 상태였다. 이제는 책상 위를 항상 비워 두던 선배가 왜 그랬는지 알 것 같다. 프리랜서가 인간답게 퇴직하기 어려운 환경이기에 물건을 챙겨 다니며 스스로를 지킨 것이리라.

나는 퇴사에도 품격이 있다고 생각한다. 그렇다면 방송가는 존중받으며, 격을 갖춰 퇴사할 수 있는 세계일까.

물론 일반 기업도 퇴사자에게 도리를 갖추지 못하는 곳이 종종 있다. 나 역시 방송국이 아닌 작은 일반 회사를 다니던 시절, 퇴직금 지급 여부를 두고 사측과 의견이 충돌하던 때도 있었다. (노동부에 문의해서 해결했다.) 정해진 절차를 따랐고 회사에서 열심히 일한 대가를 연차와 퇴직금으로 보상받았다. 하지만 방송사에서는 그 법칙이 통용되지 않았다.

사실 퇴사의 격식을 거론하는 게 좀 민망하다. 프리랜서 방송작가는 '가라면 가고, 오라면 오는' 존재다. 일하던 프로그램이 폐지되면 후속 프로그램을 바로 맡아 내일도 오늘처럼 일하는 작가가 있는가 하면 당장 짐을 싸서 떠나야 하는 작가도 있다. 아무도 방송작가의 내일을 예측할 수 없고 누구도 안정을 담보해 주지 않는다. 심지어 내 주변에는 자신이 해고된다는 사실을 구인 공고를 보고 알게 된 비운의 작가도 있다. 이런 상황에 어떻게 퇴사의 격식을 운운할 수 있을까. 최소한의 존중도 받지 못하고 사라지는데.

글을 쓰다 보니 유난히 L 선배가 떠오른다. 회사에서

보호받지 못한다는 감각에 남들보다 조금 더 묵직한 가방을 메고 다니던 그녀. L 선배는 현재 다른 방송사로 자리를 옮겨 일하고 있다. 어떻게 보면 그녀가 선구자였다. L 선배는 방송가의 생리를 알기에 물품을 챙겨 다니는 불편함을 감수했다. 만일 다시 방송을 하게 된다면 나 역시 예전처럼 상비약까지 책상에 두고 다니진 않을 거다. 필수 불가결한 물품만 자리에 두고 나머지는 가지고 다닐 것 같다. 느닷없이 자리를 비워야 하는 날이 와도 가뿐하게 떠날 수 있도록. 상처 받은 얼굴로 황급히 짐을 꾸리지 않도록.

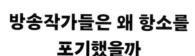

방송작가들은 왜 항소를
포기했을까

지역사에서 일하던 시절, 작가 선배들 사이에 전설처럼 전해져 내려오는 이야기가 있었다.

"○○지역 작가들이 이대로는 안 되겠다 싶어서 노조를 만들려고 하다가 전원 해고됐대."

같이 술잔을 나누던 선배는 이 지역이 전라도 쪽이라

쓰지 못한 단 하나의 오프닝

고 했고, 회사에서 이야기 나누던 다른 선배는 강원도 쪽이라고 했다. 선배들도 건너 들은 이야기인지라 해당 지역과 시기에 대한 내용들이 제각각이었다. 그런데 이야기의 결말은 모두 다 똑같았다. '전원 해고'였다.

이 이야기는 선배들이 나를 부드럽게 달래기 위해 한 말이었다. 먹태도 먹고 싶고 치즈 오븐구이도 먹고 싶은데 주머니 사정상 안주를 하나만 골라야 하던 어느 날, 욕이 명치까지 차올랐다. 나는 방송작가로 살면서 열심히 일하는데 왜 돈이 없나. 임금 협상 파업이라도 해야 하나 싶었다. 그래서 작가 선배를 찔러 봤는데, 선배는 차분하게 '○○지역 작가 전원 해고' 스토리를 들려주었다. 완곡한 거절이었다.

사실 각 잡고 할 마음이 있었다면 어떻게라도, 1인 시위라도 했을 것이다. 그런데 그 이야기를 들으니 나도 겁이 났다. 서른 넘어 찾은 '내 일'인데 혼자 나서다 업을 놓치기 싫었다. 그렇게 '작가 단체 임금 협상' 건은 고이 물 건너갔다. 나는 가끔 같이 일하는 PD 선배에게나 "그래서 임금 협상은 언제 하나요?" 같은 농담을 가장한 진담만 툭 툭 던졌다. 그때부터였을까, 선배는 줄담배를 피우기 시작했다.

그렇게 2014년부터 작가로 살다가 2019년 갑작스럽게 '계약 해지'를 당했다. 인간은 경험에 지배당하는 동물이라고 하던데, 내가 그랬다. 부끄럽게도 큰일을 겪은 후에야 관련 기사를 찾아보기 시작했다. 그중 반가운 소식이 있었다. 방송작가들이 '방송작가유니온'이라는 노동조합을 만들어 활동하고 있다는 이야기였다. 휴직자도 회원으로 가입할 수 있다는 걸 몰랐던 터라 나는 '만약 작가 생활을 다시 하게 된다면 꼭 가입해야겠다' 다짐하며 창을 닫았다.

그러고 나서 며칠 뒤, 한 이웃님이 내 브런치에 남겨주신 댓글을 보게 되었다. 댓글에는 팟캐스트 링크와 함께 "의미 있었으면 좋겠습니다. 공유합니다"라는 말이 적혀 있었다. 그 팟캐스트는 마니아 사이에서 유명한, 〈그것은 알기 싫다〉라는 방송이었다. 부제가 눈에 띄었다. '좋게 된 방송작가: 작가를 위한 구명조끼는 없다'(당신이 방송작가거나 방송작가 지망생이라면, 꼭 들어 보길 권한다. 혹은 방송 화면에 가끔 잡힌 방송작가들이 왜 그렇게 지쳐 보이는지 궁금한 분들도 청취해 보면 좋겠다. 궁금증이 단숨에 풀릴 것이다. 무엇보다 정말 재미있다).

이웃이 추천해 주신 회차는 방송작가유니온 구성원들이 나온 편이었다. 당시 나는 혼자 제주도 여행을 하고 있었는데, 링크를 보자마자 당장 클릭하고 이어폰을 귀에 꽂았다. 그리고 이후 서너 시간이 어떻게 지나갔는지, 제주의 어떤 풍경을 마주쳤는지 기억이 잘 나지 않는다. 온 신경이 오롯이 이 팟캐스트에 쏠렸다. 많이 웃고, 뜨문뜨문 가슴이 시렸다.

그리고 팟캐스트를 들으며 알게 된 사실관계. '○○지역 작가 전원 해고' 이야기는 대구, 마산 지역 작가들의 실화였다. 2000년대 초, 대구, 마산의 작가들이 노동조합을 만들려다 전원 해고를 당했다. 항소까지 했지만 기각됐다. 마지막 대법원에는 고민하다 가지 않았다. 지금은 지자고 결정한 것이다. 대법원까지 가서 패소하면 '전례'가 만들어지기 때문이었다. 그때 끝까지 갔더라면 방송작가 노조는 100년이 지나도 나오지 못했을지도 모른다. 목울대가

울컥거렸다. 내가 아직 고등학생이던 시절에도, 작가 선배들은 가만히 있지 않았구나. 치열했구나.

방송작가유니온은 2017년에 출범했다. 전원 해고 일화 이후로 십 년도 훌쩍 더 지나서다. 출범할 수 있기까지는 헤아리기 힘든 선배 작가들의 노력이 있었을 것이다. 해고를 당하고, 법원에 가는 지난한 과정이 있었을 것이다. 투쟁하는 작가들을 도왔던, 지지했던 다른 지역의 작가들이 있었을 것이다. 해고 이후의 막막한 삶이 있었을 것이다. 이만큼이나마 세상이 방송작가들의 이야기에 귀를 연 것도 다 이들의 공이라는 생각이 든다.

일하는 동안 늘 외롭다고 생각했다. 거대한 부조리를 혼자 응시하고 있다고 생각했다. 그런데 그동안 나 혼자 버둥댄 것이 아니었다. 험한 길이라고 생각했는데 선배들이 어렵게 닦아 놓은 길이었다. 그들은 길도 아닌 그냥 진흙탕을 온몸으로 걸었던 셈이다. 그런 선배들이 있었다니 자부심이 생긴다. 나 역시 방송가의 부당함에 침묵하지 않으려 한다. 그래야 해고되고 저지되고 해산당한 선배들을 마주할 때 부끄럽지 않을 것 같다.

엄마와 작가의
공통점

이따금 아이 키우는 친구 S의 집에 1박 2일로 '위문 공연'을 간다. 편한 차림으로 가서 낮에는 친구의 아이와 쿠키를 구우며 놀고, 밤에는 친구와 맥주를 마시며 논다. 그렇게 하지 않으면 육아에 묶인 친구를 보기 어려워 짜낸 묘안이다.

내가 옆에 있어도 아이는 매 순간 엄마를 찾는다. 친구의 아이는 아끼는 인형이 눈에 보이지 않으면, 목이 마르면, 그림책이 보고 싶으면, 즉시 목청을 높여 "엄마!" 하고 부른다. 친구는 고무장갑을 끼고 설거지를 하다가도 아이가 자신을 찾는 소리가 들리면 종종걸음으로 달려온다. 집 안의 크고 작은 일들이 아내이자 엄마인 S가 나서야 해결됐다. S는 육아부터 요리, 청소까지 돌봄 노동의 최전선에 있었다. 나는 곁에서 S를 지켜보다 묘한 기시감을 느꼈다. 가정에서 엄마 역할이 방송에서 작가의 포지션과 크게 다르지 않아서였다.

누군가 방송일 하는 사람에게 "방송작가의 역할은 어떤 건가요?" 하고 묻는다 치자. 이 질문에 간명하게 대답할 수 있는 사람은 드물 것이다. 방송에서 작가의 업무 범주는 따로 구분을 하는 게 의미 없을 정도로 포괄적이다. (특수 분야인 드라마 작가는 빼고) 방송의 처음인 섭외부터 마지막 단계인 출연료 정산까지 작가의 손이 닿지 않는 곳이 거의 없다. 제작의 모든 부분에 작가가 참여한다고 봐도 무방하다. 하지만 대다수의 사람들은 이 사실을 모른다. 나만 해도 밖에 나가 방송작가라고 소개하면 '카페에서 우아하게 글 쓰는 사람'으로 자주 오해받았다. 현실은 매일 방송사에 출근해서 목이 칼칼해지도록 전화통을 붙잡거나 취재 협조 메일을 정신없이 보내곤 했지만.

주변의 아이 엄마들에게서 "집안일은 티가 나지 않는 다", "청소를 하고 돌아서면 산더미 같은 빨랫감이 보인 다"는 말을 자주 듣는다. 끝없는 돌봄 노동의 굴레를 토로 하는 말들이다. 방송작가 역시 마찬가지다. 특히 TV 작가 의 경우 원고를 쓰는 일은 업무의 극히 일부다. 티 나지 않 는 그림자 노동이 나머지를 채운다. 자료 조사, 협찬 요청, 촬영 현장 동행, 심지어 행정과 출연자 응대까지 숨 돌릴 틈이 없다. 최근에는 작가들이 자막 업무를 하는 경우도 꽤 된다. 주 52시간제가 도입됐지만 프리랜서인 방송작가 들의 업무 강도는 갈수록 높아지는 모양새다.

업무 영역이 넓다 보니 방송을 만들 때 작가 없이는 일이 매끄럽게 진척되지 않는다. 방송 제작 현장에서 가장 많이 들리는 말은 "작가님!"이다. 아이가 엄마 찾듯 작가 를 찾는 소리가 끊이지 않는다. 촬영장 간식 종류부터 출 연자 대기실까지, 작가가 파악하지 않아도 되는 변수란 존 재하지 않는다. 실제로 나는 이런 말도 들어봤다. "작가님이 챙기지 않으면 누가 챙겨." 주어를 엄마로 대치해도 이상하지 않다. "엄마가 챙기지 않으면 누가 챙겨." 엄마들이, 작가들이 흔하게 듣는 말이다. 이런 언어로 엄마와 작가들의 그림자 노동이 자연스럽게 강제된다.

그러니 행사라도 하나 잡히면 작가는 비장해진다. 행사 일자가 확정되는 순간부터 그림자 노동을 시작한다. 갓난아이 엄마가 애 데리고 여행가방을 꾸리는 마음으로 대본을 잘라 두꺼운 종이에 붙이고 김밥집에 예약 전화를 건다. 해야 하는 자질구레한 일이 워낙 많으니 행사 당일 스포트라이트가 꺼지고 관객이 퇴장하기 전까지는 마음을 놓을 수가 없다. 신입 작가 시절, 처음 맡았던 행사에서 나는 관객 간이 의자까지 접어 옮기고 나서야 집에 갈 수 있었다. 그렇게 온갖 잡일을 해 가며 행사를 치러 내고 나면, 작가들은 대체로 참여자 가운데 가장 적은 임금을 받는다. 모두를 돌봐야 하지만 정작 공은 인정받기 어려운 것도 가정에서 엄마의 위치와 겹친다.

언제까지 엄마의 희생에 기대 살 수 없다. 요즘 세상에 요리도, 육아도, 청소도, 교육도 죄다 엄마의 몫으로만 전가할 수 없는 것처럼 방송도 마찬가지다. 급할 때마다 "작가님, 여기 좀"을 외칠 게 아니라 작가의 업무 영역을 명확하게 구분할 필요가 있다. MC의 영역은 진행이고 PD의 영역은 연출인데 작가의 영역은 왜 전부여야 하나. 작가 고유의 업무 영역을 침범하는 일들을 (이미 너무 많이 해 왔지만) 이제라도 하나씩 솎아내야 하지 않을까. 행정은 회사 사정을 잘 아는 행정 전담 인력이, 리서치는 전문 리서처가 전담하고, 작가는 본연의 업무인 취재와 집필, 구성에 집중할 수 있었으면 한다.

세상이 느리더라도 꾸준히 변하는 건 약자들의 투쟁이 있어서다. 엄마들의 변화도 그렇다. 불과 십수 년 전만 해도 당연한 듯 엄마에게만 가사노동이 주어졌다. 하지만 '요즘 엄마' 가운데 모성 신화나 무조건적인 희생에 동의하는 엄마가 얼마나 될까. '요즘 작가'도 마찬가지다. 강요된 전방위 노동에 반기를 드는 방송작가들이 나타나고 있다. 수십

• "방송사 지시받는 프리랜서 작가·PD도 노동자"… 행정처분 잇달아(2021.4.26. 한겨레)

년 동안 모든 가사노동을 도맡던 엄마가 빨래는 딸에게, 청소는 남편에게 배분해 주는 걸 응원하는 마음으로 나는 그들을 지지한다.

쓰지 못한 단 하나의 오프닝

호의가 계속되면
권리가 아니라 망한 겁니다

 내 주변의 방송작가들은 방송국의 한 귀퉁이 책상에 엉덩이를 딱 붙이고 앉아 노동을 했지만 노동자가 아닌 프리랜서였다. 대부분은 계약서도 없이 일했다. (2021년 시점으로 서울지역 방송국은 계약서를 쓰는 추세다! 이 한 장의 계약서를 위해 얼마나 많은 작가들이 싸워 왔는지 모른다. 선배들에게 무한한 감사를.)

 한 지역사에는 '작가 페이 기준'이라는 게 있었는데 그

기준이라는 것이 한 달에 100만 원 초반대 수준으로 아주 오래 멈춰 있었다. 계약서를 쓰자고 하면 "여기는 원래 쓰지 않는다"라는 답이 돌아왔다. '원래 그런 것'이라는 말은 기득권의 언어다. 논리와 혁명에 대응하는 가진 자의 마스터키다. '원래'에 의구심을 품는 사람들이 없었다면 아직까지 여성들은 투표소에 들어갈 수 없고, 흑인과 백인이 따로 앉아야 했을지도 모른다.

다른 업계에서 일하다 방송가로 전직한 나는 방송국이 비정규 방송 제작 인력을 대하는 수준에 놀라곤 했다. 일할 땐 나 스스로가 노동자 같은데 야근수당도 병가도 퇴직금도, 정말 아무것도 없었다. 이렇게 아무것도 없이 일해도 되나 싶을 정도였다.

그렇게 괴리감에 시달리면서도 나는 왜 계속 방송작가 일을 놓지 않았을까. 단순하다. 일이 좋아서다. 다른 작가들과 이야기를 나눠 봐도 크게 다르지 않다. TV작가는 TV가 좋아서. 라디오 작가는 라디오 일이 좋아서 버틴다. 지방에서 올라와 일은 좋은데 돈이 안 벌려 적금까지 깨고 자취생활을 하다 결국 그만두는 이도 부지기수다.

하지만 일이 좋다는 사실이 밥을 먹여 주진 않는다. 원고를 보며 받는 스트레스는 통장에 찍힌 한 달 급여 백여만 원을 보며 받는 스트레스에 비하면 애교다. 신입 방송 작가가 이 돈으로 타지에서 자취하며 반려동물을 키우면서도 마이너스 통장을 만들지 않는 것은 기적에 가깝다.

나 역시 신입 작가 시절 급여로 인해 '실존적 위기'에 처할 때가 가끔, 아니 자주 있었다. 그럴 때마다 나를 지탱했던 건 선배들의 선의였다. 나와 같은 방송국에 일하던 A 선배는 용돈벌이가 될 만한 단발성 업무가 생기면 잊지 않고 꼭 내게 "해 보겠느냐"며 물었다. 기본급이 턱없이 낮다는 것을 피차 알고 있어 해 주는 배려였다. 함께 밥 먹을 때면 절대 내가 내지 못하게 했다. 이것 역시 내 급여를 빤히 알고 있기에 조건 없이 베풀어 준 마음이었다.

그 방송국에서는 명절에 작가들에게 과일이나 식용유 같은 선물세트가 제공됐다. 회사가 아닌 노조에서 조합원비를 털어서 주는 선물이었다. 갑이 을에게 주지 않으니, 을이 을에게 마음과 음식을 나눴다. 이제와 생각하면 답읍하고 싶은 고마움이다.

다른 방송국에서 일할 때에는 이런 일도 있었다. 한 팀에서 작가들과 PD들이 함께 근무했다. 노동자인 PD에게는 당연히 휴가비가 제공됐다. 작가들에게 휴가는 휴가가 아니라 휴직이었다. 휴가비는 고사하고 쉬는 날짜만큼 급여가 나오지 않았다. 휴가 전날 퇴근 준비를 하는데 B 선배가 자기 자리로 날 부르더니 미안해하며 봉투를 내밀었다. 자기 사비로 마련한 휴가비였다. 꾸벅 인사를 하고 봉투를 받았다. 회사를 나가는 길, 휴가고 뭐고 소주가 마시고 싶어졌다. 선배는 왜 아이 장난감 살 돈을 아껴 봉투에 넣어 나를 주는가. 주면서 또 왜 미안해하는가. 나는 잘못한 것도 없는데 왜 민망함으로 얼굴이 붉어져 머뭇거리는가. 고맙고 서러웠다.

수십 년간 쌓아 올린 방송계의 불공정 관행은 공고했고, 그 단단한 벽을 허물지 못한 나는 호의와 다정을 넙죽넙죽 받아 가며 이 세계에서 버틸 수 있었다. 방송작가로 사는 동안 악인보다 선인을 압도적으로 많이 만나서 이만큼이나마 해 왔다. 나 개인에게는 다행이나 전체에겐 불행이다.

호의로 연명하는 직군을 과연 직업이라고 할 수 있을까. 인복이 없어 선의를 받지 못한 신입 상근 작가는 어떻게 되는 것일까. 상근하는 프리랜서로 노동의 단물은 빨리되, 노동자는 아닌 상태로 살아야 할까. '원래 그런 것'이라는 이유로.

이제 방송가 노동자들에게 호의가 아닌 당연한 권리를 찾아줄 때다. 과정은 어려울 수 있겠지만 시작은 어렵지 않다. '원래'를 뒤집으면 된다. 프리랜서는 원래 다 그렇다는 문장의 '원래'를, 방송가는 원래 이런 것 몰랐냐는 문장의 '원래'를 지우고 다른 해법으로 대체해 나가다 보면 길이 보일 것이다. 하지만 그 일은 절대 혼자 할 수 없다. 그래서 나는 방송이라는 토양에 뿌리내린 모두에게 권하고 싶다. 수많은 '원래'를 하나하나 지워 나가자고. 프리랜서는 프리랜서답게, 상근 노동자는 노동자답게 일할 수 있는 토양을 만들어 보자고. 호의보다는 동의를 해 달라고. 신입 작가와 스태프들, 약자들이 하는 얘기에 귀를 기울여 달라고. 그래서 결국에는 함께 웃자고.

구인 공고가
주는 힌트

　제빵사에 관심이 생겼지만 처우를 알 수 없어 답답해 하는 사람에게 내가 권유해 주고 싶은 방법은 구인 공고를 여럿 찾아보는 거다. 업계 정보를 수집하는 가장 직관적인 방법이 사람 구하는 글 아니겠는가. 구인 공고를 잘 들여 다보면 (거짓이 아니라는 전제하에) 일하는 곳이 본사인지 하청업체인지, 근무시간은 얼마나 긴지, 복리 후생은 어떻게 되는지 대충이나마 가닥을 잡을 수 있다.

　　　　　　　　　　쓰지 못한 단 하나의 오프닝

내가 몸담았던 방송업계는 구인 글이 수시로 올라오는 편이다. 특히 방송작가들은 구성다큐 연구회 홈페이지나 다음 카페, 매스컴 분야 채용공고 사이트 등을 주로 이용한다. 과거에는 프로그램 폐지와 신설이 교차하는 개편이 다가오면 글 올라오는 속도가 더 빨랐지만, 최근에는 '시즌제' 예능과 다큐멘터리 프로그램이 증가하면서 평상시에도 구인 공고가 꾸준히 올라오고 있다. 최근 깨달은 건데 방송작가를 구하는 구인 글에 반복해서 쓰이는 묘한 단어들이 있었다. 그 단어들이 바로 방송업계에 몸담게 되면 겪을 일을 미리 알려 주는 일종의 '힌트'다.

방송작가 구인 공고를 보다 주목한 첫 번째 힌트는 '탄력적 상근'이다. 모 공중파 방송사의 아침 프로그램 메인 작가를 구하는 글에 등장한 단어로 본사 직접 고용이 아닌, 외주 제작사에서 일할 작가를 구하는 공고였다. 근무 형태 란에 '탄력적 상근'이라고 적혀 있었다. 글의 맨 하단에는 '일주일에 한 번은 밤샘이 있다'고도 적혀 있었다. 일주일에 한 번 밤샘을 하는 탄력적 상근이란 대체 뭘 의미하는 걸까. 도무지 결이 맞지 않는 두 단어를 합쳐 놓으니 쉽게 이해가 가지 않는다. 일단 사전을 찾아본다.

탄력적: 상황에 따라 알맞게 대처하는 것

상근: 날마다 일정한 시간에 출근하여 정해진 시간 동안
근무함. 또는 그런 근무

조합하자면 일정한 시간에 출근해 정해진 시간 동안
근무를 하고 주 1회 밤샘이 있지만 상황 봐 가며 재택근
무를 하는 때도 있다는 의미인 것 같다. 하지만 이 '탄력적
상근'이라는 표현 안에는 복잡한 셈법이 들어 있다. 정규
직이나 비정규직으로 작가를 고용하면 계약서와 그에 따
른 권리를 제공해야 한다. 그러니 대다수 회사는 작가를
프리랜서로 고용한다. 엄밀히 말하면 노동자가 아닌 프리
랜서는 상근할 의무가 없다. 그렇기 때문에 회사는 작가를
'탄력적'으로 상근 시키는 거다. 고용 형태는 프리랜서이
지만 상근을 시키기는 해야겠고, 그렇다고 상근 두 글자만
적자니 이율배반적이다. 그래서 등장하는 표현이 '탄력적
상근'이다.

쓰지 못한 단 하나의 오프닝

방송작가 구인 공고에서 찾을 수 있는 두 번째 힌트는 '밤샘'이다. 밤샘은 특히 TV 분야 방송작가 구인 공고에 흔하게 쓰이는 단어다. 특이한 점은 밤샘이 있는 프로그램보다는 없는 프로그램들에서 구인의 미끼로 쓰인다는 것인데 예를 들어 이런 식이다. "밤샘 근무는 없는 편", "밤샘과 주말 출근 없음", "일요일만 밤샘 있습니다" 등. 대체 어떤 업종의 구인 공고가 밤샘 없음을 광고한단 말인가. TV 쪽은 워낙 밤샘 노동이 만연하다 보니 벌어지는 기현상이다.

구인 공고는 본디 구직자를 유혹하기 위해 쓰는 글인데 버젓이 '밤샘 없음' 네 글자를 볼 때마다 물 없이 고구마를 먹을 때처럼 답답해진다. 그나마 밤샘 없음이 쓰인 공고는 낫다. 구인 공고에 밤샘이 없다고 명시되지 않은 한 프로그램에서 일하던 내 후배는 밥 먹듯 밤새 가며 일했다. 당연히 밤샘 노동에 대한 대가는 없었고, 그녀는 나날이 부스러질 듯 말라 가더니 결국 일을 놓았다. 이런 작가들이 많아지자 자주 밤샘 노동을 하는 프로그램들은 기피 대상이 되었다. 그러니 이제는 방송마다 밤샘이 없거나 잦지 않다는 걸 강조하는 상황이다.

방송가 구인 공고에서 볼 수 있는 세 번째 힌트는 '최저시급 보장'이다. 최저시급, 즉 최저임금은 국가가 임금 결정 과정에 개입해 정한 최저 수준의 임금이다. 법으로 강제하는 제도이기 때문에 1인 이상 근로자를 사용하는 모든 사업장에서 지켜야 한다. 이쯤에서 또 의아할 수 있겠다. 아니, 최저시급 지키는 게 무슨 대수라고? 방송에 이제 막 입문한 신입 작가에게는 대수 맞다. 아직도 한 달에 80만 원, 90만 원을 받고 일해야 하는 작가들이 존재한다. 작가뿐만 아니다. 방송가에는 시간당 천 원도 받지 못하는 사람이 있다. 패션스타일리스트 Y 씨가 하루 10시간 이상 일하고 받은 첫 월급은 40만 원이었고, 프리랜서 조연출로 일하는 K 씨는 한 달 넘게 촬영한 프로젝트가 끝나고 50만 원을 받았다.* 상황이 이렇다 보니 신입 작가에게 최저시급에 준하는 급여를 주는 회사는 일종의 자랑을 한다. 적어도 당신의 노동력을 착복하지는 않는다고.

---

* TBS가 2020년 10월 21일 개최한 〈2020 상암미디어여성페어〉에서 나온 증언들

방송가 구인 공고에서 최저시급만큼 빈번하게 등장하는 또 하나의 표현은 이거다. "페이 밀리지 않습니다." 본사에서 직접 제작되는 프로그램은 적어도 급여가 밀리지는 않기 때문에 주로 외주 제작사에서 작가를 구할 때 쓰이는 문구다. 외주 제작이란 특정한 제작사가 방송을 만들어 원청인 방송사에 제공하는 것을 의미한다. 지난 1991년에 '외주제작 의무편성' 제도가 도입된 뒤 생겨났다.

　　문제는 외주 제작사에서 임금 체불이 빈번하게 일어난다는 데 있다. 급여가 밀리는 건 그나마 나은 편이고 '사정이 어렵다'며 급여를 주지 않는 경우도 흔하다. 외주 제작사에서 일해 본 작가 중에 한 번도 급여를 떼어 먹히지 않은 사람 찾기가 더 힘들 지경이다. 작가와 카메라맨, 스타일리스트 몰래 제작사 대표가 폐업을 하고 잠적을 하는 경우도 왕왕 있다. 이런 상황이 오면 하청을 준 원청에 해당하는 방송사는 "우리와 관련이 없다"라고 선을 긋는다. 결국 제작사에서 일한 인력들만 고스란히 피해를 떠안는 상황에 처한다. 오죽하면 작가들은 상습적으로 급여를 체불하는 업체를 공유하기도 한다. 일은 일대로 하고 돈 떼이는 상황에 처하지 않기 위해 개인이 다른 개인을 돕는다. 이런 움직임을 감지한 외주 제작사들은 이제 구인 공고를 올릴 때 "절대 페이가 밀리지 않는다"는 사족을 곁들인다.

방송가 구인 공고에서 감지된 마지막 힌트는 '즉시 투입'이다. 밤샘과 '탄력적 상근'이 일상인 생활을 길게 버티기란 쉽지 않다. 심지어 계약서도 잘 쓰지 않고, 임금 체불마저 흔하다면 더더욱 무리다. 밤새다 코피를 쏟은 작가는 더 이상 버틸 수 없다며 방송 제작 현장을 떠난다. 하지만 Show must go on, 누군가는 전임자가 코피 흘리다 나간 그 자리에 들어가야 프로그램이 굴러가는 법. 남아 있는 사람은 부랴부랴 구인 공고를 올린다. 사람이 급히 떠난 현장은 표시가 나기 마련이다. 그런 프로그램은 대부분 출근 일자를 '즉시 투입'이라고 명시한다.

나는 이직을 준비하는 작가들이 되도록 구인 공고에 나타난 힌트를 무시하지 않았으면 좋겠다. 구인 연차와 투입 시기는 물론이고 상근 여부와 급여 액수, 정확한 급여 지급일을 회사에 확인받기를 바란다. 최악을 피해 차악을 택하는 마음이랄까. 기왕 들어갈 회사가 처우도 좋고, 근무 시간도 합리적이고, 고용 안정이 보장되는 소위 '최선'이면 좋겠지만 그럴 일은 희박하다. 방송가에서 방송작가에게 최선을 다하는 회사를 찾는 일은, 성실한데 잘생기고 부유한데 검소한 애인을 찾는 것보다 더 어려우니까.

어디에나 있지만 어디에도 없는

우리는 방송의 영역에서 사람들이 가장 먼저 만나는 인물입니다. 혹시 방송 섭외 전화를 받아 본 적 있나요? 그 전화 속 목소리는 99%의 확률로 우리입니다. 당신에게 전화를 걸기 위해 우리는 출판사와 학교, 회사, 온갖 곳을 수소문해서 당신에게 닿을 방법을 찾습니다. 어떨 때면 10분 만에 통화가 성사되지만 또 어떨 때는 네다섯 시간을 전전긍긍하기도 하죠. 그래도 우리는 쉬지 않습니다. 소속사에 전화를 돌리고 보도 자료를 다시 들추고 포털 사이트를 헤집습니다. 어떻게 해서라도 방법을 찾아야 합니다. 방송의 시작은 섭외니까요. 누군가는 우릴 보고 말하더군요. 하늘 아래 너희가 찾지 못하는 전화번호는 없다고.

어렵게 당신의 번호를 얻었습니다. 우리는 당신과 통화를 하기 전 심호흡을 합니다. 어떻게 해야 섭외를 성공시킬 수 있

쓰지 못한 단 하나의 오프닝

을까 하는 조바심이 마음을 지배합니다. 통화 연결음이 끝나고 당신이 전화를 받습니다. 우리는 목소리를 가다듬습니다. 소속과 이름을 밝힌 뒤 섭외를 시작합니다. 그동안 지켜 본 당신의 성취 혹은 당신의 실패, 그러니까 당신의 모든 이야기를 방송에서 해 주지 않겠느냐고. 섭외는 늘 둘 중 하나로 끝납니다. 수락 혹은 거절. 섭외에 실패해도 우리는 당황하지 않습니다. 이미 백만 스물한 번의 실패를 겪었으니까요. 아쉬워할 시간도 부족합니다. 우리는 침착하게 원점으로 돌아와 다른 사람의 다른 이야기를 찾아봅니다. 그렇게 몇 차례를 반복하다 보면 섭외가 이뤄집니다.

우리는 말을 쓰는 사람들입니다. 진행자의 입에서 생동하는 말은 우리가 쓴 글을 바탕으로 합니다. 라디오 영역에서 우리는 하루 20장짜리 말을 쓰고, TV의 영역에서 우리는 진행자의 예리한 질문을 씁니다. 다큐멘터리의 영역에서 우리는 내레이션을 쓰고, 뉴스의 영역에서 우리는 브리핑을 씁니다. 작은 방에 틀어박혀서, 카페에 앉아서, 방송국의 공용 책상 앞에서 우리는 씁니다. 말을 쓰는 일이 우리의 본업에 가장 가깝겠지요. 하지만 이 일은 우리가 하는 많은 일 가운데 하나일 뿐입니다. 우리가 인정받기 위해서는 쓰는 일보다 다른 일을 우선해야 합니다. 쓰기에 몰두하다 보면 잡다한 일을 해내기 어렵거든요. 쓰기보다 눈치가 앞서는 생활은 이제 익숙합니다.

알고 있나요? 우리가 하는 일 가운데에는 취재가 있습니다. 우리 중 일부는 취재를 위해 방송사에 채용되기도 합니다. 취재는 오로지 기자의 업무라고만 생각해 왔다면 깜짝 놀랄지도 모르겠습니다. 우리는 보도국에도 존재합니다. 한 시간짜리 뉴스를 만들기 위해서는 생각보다 많은 인력이 필요하지요. 우리는 뉴스 아이템을 발굴하고, 제보자와 통화를 하고, 외신기사를 번역하기도 합니다. 심지어 취재 현장에도 나갑니다. 우리는 KTX를 타고 부산에 가서 4대강 사업을 파헤치는 인물과 만나고, 종로로 달려가 세월호 참사 현장에서 활동했던 민간잠수사들을 만납니다. 취재도 어느새 우리의 영역이 되었습니다.

지금부터는 가려져 있던 우리의 영역을 살펴보려 합니다. 당신이 모르던, 알아도 신경 쓰지 않던 일들 말입니다. 당신이 방송에 출연하고 받는 출연료를 정산하는 손, 그것도 우리입니다. 우리는 당신이 출연한 날짜를 체크하고 기록합니다. 당신뿐만이 아닙니다. 모든 게스트의 출연 일자와 급여 정보를 수합하죠. 외국에서 촬영이 있을 경우 번역가와 해외 코디네이터의 급여 정보를 챙기는 것 또한 우리의 일입니다. 심지어 자신의 급여를 자기 손으로 정리하기도 합니다. 하고 싶어서 하는 일은 아닙니다. 그저 이런 일들을 해내야 방송가에 남아 있을 수 있기에 하는 것뿐입니다. 가끔 허탈한 웃음이 납니다. 나는 사람인데 인건비가 아닌 제작비에 자신의 급여를 써 넣을 땐 꼭 스스로가 부품처럼 여겨지거든요. 부품처럼 여겨지기에 우리가 이렇게 쉽게 사라지는지도 모르죠.

우리는 가끔 주차 안내를 하기도 합니다. 작은 방송사에는 따로 주차를 관리하는 노동자를 배정하지 않는 경우가 많답니다. 그래서 우리 가운데 일부는 프로그램에 출연하는 사람들에게 주차증을 배부해 준다든가 건물 1층에서 직접 주차를 지도해 주어야 하는 때가 종종 생깁니다.

생각보다 다양하고 잡다한 일을 해내는 우리는 종종 흔적도 없이 사라집니다. 불과 지난주까지 웃으며 인사를 했지만 이번 주엔 갑자기 없어져 있기도 하죠. 당신이 주기적으로 방송국을 드나드는 사람이라면 분명 의아했을 겁니다. 대체 이 사람이 어디로 간 거지? 어쩌면 갑작스러운 해직을 겪고 있는 중일지도 모릅니다. 우리는 수입이 불규칙적이라서 대안도 없이 그만두긴 힘들거든요. 혹시 이후 우연히 마주치게 된다면 따스하게 인사라도 건네주세요. 큰 힘이 될 겁니다.

우리는 어디에나 있습니다. 섭외를 위해 강릉으로 출동을 하고, 때로는 부산에서 퇴근하기도 합니다. 하지만 동시에 우리는 어디에도 없습니다. 우리의 자리는 그 어디에도 마련되어 있지 않아요. 방송사에서 우리는 노동자가 아닙니다. 프리랜서이며 외부인일 뿐이죠. 업무를 할 책상 하나 주어지지 않는 경우도 있습니다. 노동을 증명하는 어떤 것도 우리에게는 없습니다. 재직증명서 한 장 뗄 수가 없죠. 재직증명서가 없다는 건 언제고 해고가 가능하다는 방증이랍니다. 그래서 우리는 순식간에 당신의 시야에서 사라져 버립니다. 밥 먹듯 해고와 이직을 겪죠. 그러니 이렇게 말해도 좋을 것입니다. 우리는 어디에나 있지만 어디에도 없다고.

우리는 섭외를 합니다. 구성을 하고 취재를 합니다. 밤새 녹취록을 풀어 씁니다. 때론 출연료를 정산합니다. 주차 관리를 합니다. 우리 중 일부는 직원처럼 방송사에 상근하며 일을 하고, 다른 일부는 프리랜서처럼 집에서 일을 합니다. 작가이고 싶지만, 온전히 작가일 수는 없습니다. 우리는 방송작가입니다.

쓰지 못한 단 하나의 오프닝

3 부

떠난 사람들,
싸우는 사람들

살아남기 위해서는 눈치껏 행동해야 했다.
부당함을 부당하다고 말하면 불이익이 돌아왔다.
나는 차츰 입을 닫았고, 매일 조금씩 무력해졌다.
내가 다시 입을 연 건 백수가 되고 나서였다.
홀가분한 몸이 되자 묵은 이야기들을 꺼낼 수 있었다.

방송작가를 비롯한 방송계 노동자들이
예전처럼 쥐 죽은 듯 살길 원하는 이들도 있다.
"나 때는 다 그랬다"며 당연한 권리 요구를
외면하는 이들도 있다.
이들에게 말해 주고 싶다.
미안하지만 이제 우리는 말하기를
멈추지 않을 거라고.

'한빛'이라는
이름

"수고했어, 오늘도… 힐링 드라마 탄생"

"드라마가 때론 위로가 되더라"

"각박한 일상에 지친 젊은이들 위로한 드라마"

tvN의 2016년 드라마 〈혼술남녀〉를 향한 기사 제목들이다. 노량진에서 일하고 공부하는 청춘들의 이야기를 그려 낸 〈혼술남녀〉는 자체 최고 시청률을 기록하며 좋은 평가를 받고 막을 내렸다. 그리고 단 하루 뒤, 제작팀 조연출 PD가 목숨을 끊었다. '이한빛'이라는 이름은 그렇게 세간에 알려졌다. 세상은 혼란스러워했다. 호평받은 드라마를 만든 신입 PD가 왜 세상을 떠났을까.

이 PD의 가족은 아들의, 형의 죽음을 이해하기 위해 진상 규명에 몰두했다. 청년유니온, 민주사회를위한변호사모임 등 35개 시민사회단체가 유족을 도와 대책위원회를 꾸렸다. 대책위는 긴 시간에 걸쳐 그의 사망 원인을 조사했다. 특히 이한빛 PD의 동생 이한솔 씨는 홀로 직접 발품을 팔아 드라마 제작에 참여했던 사람들을 만나며 증언을 수집하기도 했다. 6개월이 흐른 뒤 대책위는 조사보고서를 공개했다. 보고서를 통해 이한빛 PD가 처했던 노동 환경을 알 수 있었다. 이한빛은 죽음을 선택한 게 아니라 죽음으로 내몰린 사람이었다.

그가 몸담았던 일터에서는 '디졸브(dissolve) 노동'이 만연했다. 디졸브란 편집 기법 중 화면이 겹치는 기술을 뜻한다. 방송 제작 현장에서 디졸브는 오늘과 내일의 경계가 불분명할 정도로 장시간 진행되는 노동을 가리킨다. 이한빛 PD의 가족은 언론을 통해 그가 "일주일에 한두 번, 그것도 새벽 2~3시가 되어서야 들어와 겨우 한두 시간 자고 다시 나갔다"고 증언했다. 촬영이 진행된 55일 동안 그가 쉰 날은 단 이틀에 불과한 것으로 추정됐다. 발신 통화 건수는 1547건이었다. 수신을 제외한 발신 통화만 봐도 이렇다. 대책위는 이 PD가 의상, 소품, 촬영 준비, 영상파일 딜리버리, 촬영장 정리, 정산, 편집, 차량 통제 등의 일을 맡았던 것으로 파악했다.

고강도, 장시간의 디졸브 노동보다 더 그를 괴롭힌 건 그가 느껴야 했던 자괴감이었다. 이한빛은 공감하는 사람이었다. 그는 월급의 일부를 매달 세월호 문제 해결을 위한 416연대, KTX승무원 대책위원회, 빈곤사회연대에 기부했다. 이한빛은 또한 연대하는 사람이었다. 용산참사 추모미사에서, 또 재벌 기업의 노동 탄압에 항의하는 퍼포먼스 현장에서 이 PD의 모습을 찾을 수 있었다.

타인에게 공감하고 연대하는 사람으로 살았던 그에게 드라마 제작 당시 비정규직 계약 해지 관련 업무가 주어졌다. 특히 해고된 계약직 노동자들에게 선입금됐던 돈을 돌려받는 일은 이 PD를 가장 괴롭게 했다. 노동자와 약자를 위해 투쟁하던 그가 방송 제작 현장에서는 그들을 궁지로 내모는 역할을 맡게 된 셈이다. 당시 이 PD는 가족과 친구에게 "존엄성 지키기 힘들다"고 토로했다. 그가 겪은 괴로움은 유서에도 절절하게 드러난다.

"촬영장에서 스태프들이 농담 반 진담 반 건네는 '노동 착취'라는 단어가 가슴을 후벼 팠어요. 물론 나도 노동자에 불과하지만, 적어도 그네들 앞에선 노동자를 쥐어짜는 관리자 이상도 이하도 아니니까요. 하루에 20시간 넘는 노동을 부과하고 두세 시간 재운 뒤 다시 현장으로 노동자를 불러내고 우리가 원하는 결과물을 만들기 위해 이미 지쳐 있는 노동자들을 독촉하고 등 떠밀고. 제가 가장 경멸하는 삶이기에 더 이어 가긴 어려웠어요."

그래서 그는 세상을 떠났다. 아니, 세상에 등 떠밀렸다. 그가 죽음에 닿은 과정을 알게 된 유족과 대책위는 투쟁을 멈추지 않았다. 릴레이 시위, 추모 문화제, 기자회견, 토론회 개최까지 할 수 있는 모든 일을 해 나갔다. 사건 발생 8개월 만에 결국 CJ E&M은 홈페이지에 사과의 글을 게시하고 제작 시스템을 근본적으로 개선하겠다고 밝혔다. 회사는 위로금 지급 의사를 밝혔지만 이 PD의 가족은 방송 종사자들을 지원하는 재단을 만들자고 '역제안'을 했다. 이 PD가 세상을 떠나며 던진 화두에 답하기 위해서였다. 그렇게 2018년 1월, '한빛'이라는 이름이 장소 명사가됐다. 방송가의 중심인 서울 상암동에 한빛미디어노동인권센터(한빛센터)가 설립된 것이다.

이 PD의 가족은 아들의, 형의 죽음 이후 제각기 투사가 됐다. 아버지 이용관 씨는 방송가를 비롯한 국내 비정규직 문제에 헌신하고 있다. 그는 중대재해기업처벌법 국회 통과를 위해 고 김용균* 씨의 어머니 김미숙 씨, 민주노

---

* 고 김용균 씨(24)는 지난 2018년 12월 11일 오전 충남 한국서부발전 태안화력발전소에서 석탄이송 컨베이어 벨트에 끼어 사망했다. 김용균 씨를 잃은 뒤 모친 김미숙 씨는 모든 '용균이들'을 돕기 위해 전국의 비정규 노동 현장을 누비며 살고 있다.

총 이상진 집행위원장과 함께 29일 동안 단식 투쟁을 진행했다. 함께 단식하던 정의당 강은미 의원이 단식 23일째 병원에 이송됐지만 이용관 씨와 김미숙 씨는 멈추지 않았다. 이들은 지난 2021년 1월 8일 중대재해기업처벌법이 국회 본회의를 통과하고 나서야 단식 농성을 마치고 병원을 향했다.

이한빛 PD의 동생인 이한솔 씨는 한빛센터의 비영리 공익활동가로 일한다. 그는 드라마 제작 현장의 살인적인 노동 여건을 바꾸기 위해 다방면으로 활동 중이다. 지난 2019년에는 촬영, 조명, 음향, 미술 등 현장에서 일하고 있는 스태프들의 제보와 인터뷰를 바탕으로 『가장 보통의 드라마』라는 책을 펴냈다. 책의 부제는 이렇다. '드라마 제작의 슬픈 보고서'.

이 PD의 어머니인 김혜영 씨는 상실감과 치열하게 싸우고 있다. 그녀는 한빛센터 홈페이지와 언론에 60여 편의 글을 써서 올렸다. 그녀가 기억을 더듬어 써 내려간 글에는 가족의 생이 녹아 있다. 아들의 기저귀를 갈던 남편의 모습, 아이들이 초등학생이던 시절 경주에서 자전거를 타던 기억, 그리고 현재, 아들이 쓰던 백팩을 엄마가 메고 출근하는 일상까지. 김혜영 씨는 글을 통해 "가느다란 희망이라도 잡겠다"며 "한빛이 이 사회에 던지고자 했던 메시지가 실현될 때까지 엄마로서 최선을 다하겠다"고 마음을 다잡는다. 그녀의 글에서 나는 그리움뿐만 아니라 아들이 남긴 뜻을 이루겠다는 결의를 읽었다. 그러니 그녀 역시 생의 투사다.

이제 '한빛'이라는 이름은 많은 것을 가리키는 명사가 됐다. 방송 노동자들의 권익을 보호하는 재단의 이름이자 장소명이며, 한빛센터에서 주관하는 미디어노동인권상의 명칭이기도 하다. 때로는 한빛의 이름으로 커피차가 출동하기도 한다. 한빛센터는 수시로 드라마 제작 현장을 찾아가 스태프들에 대한 근로기준법 준수를 촉구하는 커피차 캠페인을 진행하고 있다.

한 가지 더, 한빛의 곁에는 방송작가가 있다. 한빛센터와 방송작가유니온은 같은 공간에 둥지를 틀었다. 약자와 연대하던 한빛은 지금도 신입 작가나 신입 스태프처럼 가장 작은 목소리 곁에 자리하고 있다. 두 단체가 나란히 위치한 상암동의 사무실 문은 늘 열려 있다. 미디어 노동자 모두가 언제든 발걸음할 수 있게 하기 위함이다. 장시간 고강도 방송 업무에 지쳐 쉴 곳이 필요하다면, 방송 노동을 하다 부당한 일을 겪어 상담이 필요하다면 언제든 한빛을 찾아가기를. 한빛은 이제 그런 이름이니까.

그때의 방송작가들은
다 어디로 갔을까

얼마 전 20여 년을 한 방송국에서 일한 작가 선배가 퇴직한다는 이야기를 전해 들었다. 방송 제작이 중단되며 타의에 의해 떠나게 된다는 사연이었다. 따로 연락을 주고받는 사이가 아니었지만 소식을 들은 이후로 내내 마음이 쓰였다. 그녀의 20년은 어땠을까. 그녀가 상상한 결말은 이런 것이었을까.

잠시 망설이다 메신저를 열어 작가 선배의 이름을 찾

쓰지 못한 단 하나의 오프닝

왔다. 기프티콘에 응원을 얹어 보내고 나니 마음이 그나마 덜 신산하다. 대화창을 닫으며 생각했다. 이렇게 또 한 명의 작가가 현직에서 전직이 되는구나.

나는 방송작가로 살면서 총 세 곳의 방송사를 거쳤다. 여러 곳을 거치며 좋은 인연도 여럿 만났다. 그런데 함께 일하던 선후배들을 떠올려 보니 현직보다 전직이 많다. 우리가 벌써 퇴직을 할 나이는 아닌데 이상하다. 한창 일할 30대 아닌가. 문득 궁금해졌다. 그때의 방송작가들은 다 어디로 갔을까.

총명하고 일 욕심 많던 A는 작가를 그만두고 학교로 돌아가 경제학도가 됐다. 총명하고 일 욕심이 많았기에 A는 방송일을 하며 늘 괴리감에 시달렸다. 방송국이 작가들과 계약서를 써 주지 않던 시절, 그녀가 나서서 사측에 계약서를 쓰자고 요청했다. (요청은 받아들여지지 않았다.) 주재원이던 부모님 덕에 유년기를 중국에서 보냈던 A는 중국어에 능통했다. 그 사실을 알게 된 상사는 그녀에게 중국어 번역 업무를 추가로 지시했고, 그 순간부터 그녀는 방송작가 겸 번역가로 일해야 했다. 업무는 추가됐지만 급여는 100원도 오르지 않았다. 일의 보람과 뿌듯함만으로 모든 걸 다 참고 견딜 수는 없었다. 결국 A는 방송사를 떠났다.

참을성 많던 B작가는 늘 인내했다. 갑작스레 프로그램에서 하차해도 참고, 업무량이 과다하기로 유명한 프로그램으로 옮겨 가서도 참았다. 살인적인 업무량으로 집에 가지 못하는 날이 허다해졌다. 그녀는 방송국에서 먹고, 씻고, 잠을 잤다.

한번은 B작가의 어머니께서 내게 전화를 하셨다. 그녀의 어머니는 근심 가득한 목소리로 딸이 집에도 오지 않고 어제부터 연락이 안 된다고 마음을 졸이셨다. 나는 어머니를 달래 드렸다. "너무 걱정하지 마세요. 아마 방송국 숙직실에서 자고 있을 겁니다." 예상대로 그녀는 숙직실에서 곤히 자느라 어머니 전화를 받지 못했다. 그런 날들이 누적됐다. 결국 B는 병에 걸려 방송사를 떠났다. 퇴직 이후 그녀는 카페에서 일하며 건강을 돌봤다. 그녀에게 다시 방송작가로 돌아올 의향이 있는지 물었다. 그녀는 단호하게 고개를 저었다.

재기 발랄하고 일이 즐겁다던 C작가. 그녀는 갑작스럽게 프로그램이 공중분해 되면서 갈 곳을 잃었다. 사측은 미안하게 됐다며 다른 프로그램을 소개해 주겠다고 했지만 그녀는 다 털고 나오는 길을 택했다. C는 언제 잘릴지 모르는 방송작가 명함을 반납하고 공기업에 취업했다. 그녀는 방송작가를 하던 시절을 이렇게 회상한다. "어렸고, 배우고 싶었고, 바꾸고 싶었다." 모두 과거형이다. 나 역시 그 시절 어렸고, 배우고 싶었고, 바꾸고 싶었기에 가슴 한 구석이 아릿했다. 우리는 왜 현재형이 아닌 과거형으로만 방송을 회상할 수밖에 없는 건지.

그래서 마지막으로는 현재형의 인물, D를 찾았다. D는 경기지역 한 방송국에서 일하는 현직 작가로 누구보다 방송 일을 좋아하는 인물이다. D는 방송은 물론이고 방송을 함께 만들어 가는 게스트와 스태프들까지 살뜰하게 챙긴다. 그렇다 보니 자연스레 평판과 인망이 올라갔다. 그런 그녀에게도 고통이 있었을까. 나는 D에게 방송작가로 살면서 어떤 게 가장 힘드냐고 물었다. 그러자 곧바로 답이 돌아왔다. "부당한 일을 겪어도 제대로 항변할 수 없는 것." 참고로 그녀는 2021년 현재도 계약서 없이 구두 계약만으로 근무하고 있다. 그녀가 15년을 일한 베테랑 작가여도, 아무리 인망이 높아도, PD가 "내일부터 나오지 마세요" 하면 그걸로 끝이다. 15년간 방송가에서 산전수전 다 겪은 그녀는 그 사실을 누구보다 잘 알고 있다.

요즘 D는 한 번씩 방송을 떠나는 상상을 한다. 누구보다 방송을 좋아하던 그녀가 그런 생각을 한다는 게 의외였다. 의아해하는 내게 그녀가 말했다. "할 수 있는 데까진 할 거야. 그런데 이젠 손에서 방송을 놓는 일도 상상할 수 있겠더라고." 신입 시절 누구보다 열정 넘치던 '방송쟁이' 작가는 15년의 세월을 보낸 뒤 세상사에 해탈한 도인이 되어 있었다.

총명하던 작가는 괴리감에 시달리다가 경제학도가 되고, 인내하던 작가는 몸에 병을 얻어 퇴직하고, 재기 발랄하던 작가는 고용 불안에 지쳐 공기업으로 날아갔다. 방송가에서 15년을 버텨 낸 작가는 아직도 계약서 한 장 없이 일한다. 방송의 화려한 장막을 한 겹 걷어 낸 현실이 이렇다. 알고는 있었지만 정작 눈으로 확인하고 나니 허탈하다.

　방송계 프리랜서는 누구나 다 불안과 벗하고 산다지만 그중에서도 방송작가 직군은 좀 특이하다. 유독 제 발로 떠나는 이직률이 높다. 많은 작가들이 방송 제작 현장에서 '굴러본' 뒤 다른 길을 택한다. 일이 싫어서 떠났다는 사람은 손에 꼽는다. 대다수가 고용구조와 노동환경에 절망한 뒤 떠난다. 이직률이 높아도 방송사는 눈 하나 까딱하지 않는다. 사람을 갈아 넣고 나면 또 다른 젊은 지원자가 줄을 선다. 방송을 열망하는 이들을 데려와 그들이 탈진하고 나면 눈 깜박할 사이에 새로운 사람을 뽑는다. 간편하고 비정한 자본의 해법이다.

　요즘은 방송가의 행태가 소문난 건지 신입 작가 구하기 힘들다는 얘기가 여기저기서 들린다. 현장에서 3개월 일한 뒤 그만두는 작가들도 부쩍 늘고 있단다. 왜 아닐까. 체력과 열정을 쪽 빨리고 나면 껍데기만 남은 채로 짐을 꾸려 떠나는 선배를 신입도 똑똑히 봤을 텐데.

　방송을 사랑하던 이들이 방송으로 인해 더 이상 방송

을 사랑할 수 없게 된다는 사실은 정말이지 암담하다. 밤을 새 가며 프로그램을 만들던 내 동료, 선배, 후배들은 지금 어디에 있을까. 안정을 찾아 공무원 준비를 하고 있을까. 먼 나라로 유학을 갔을까. 경력 단절을 겪으며 아이를 키우고 있을까. 가끔 자신이 만들던 방송을 보기는 할까.

이제 나는 2,30대 한창의 방송가 현직들이 꿈을 꺾고 전직으로 바뀌는 걸 그만 보고 싶다. 그들에게 좋아하는 일이 좋아하는 일인 채로 남길 바란다. 이젠 방송가도 각성할 때가 되지 않았나. 섭외하고 구성하며 행복해하는 '방송쟁이'들이 이탈하기 전에, 그녀들의 '탈 방송' 선언이 줄줄 이어지기 전에 말이다.

쓰지 못한 단 하나의 오프닝

경로 이탈자들의
생존신고

"열정으로 뼈와 살을 갈아 막내 시절을 보냈던 전직 방송작가입니다. 딱 서브까지 하다가 '탈방송'했어요. 막내 때 월 80만 원 받으며 잡다한 일을 얼마나 많이 했는지…. 결혼 후 떠나서 평범한 아이 엄마가 되었는데 행복합니다. 방송할 땐 그 나름대로 가슴 떨리는 설렘이 있었지만 그만큼 숨 막히는 뭔가가 있었던 것 같아요. 경력이 짧기도 하지만 다시 가긴 힘들 것 같아요. 열정을 갈아 넣기엔 나이가 많네요. 목과 허리에 디스크 하나씩 남기고 방송을 떠났네요. 똘똘한 막내 작가만 찾을 게 아니라 사람을 귀하게 대할 줄 알아야 할 텐데… 이제는 10년도 지난 얘기네요."

"저도 전직입니다. 8년 차 때 건강문제와 프로그램 공중분해로 그만뒀는데 이후 영어 강사를 하다 전업주부가 됐어요. 동기들 중에 아직 현장에 남아 있는 이들이 몇 없습니다. 언젠가 유명한 MC였던 연예인 선배님이 녹화장에서 그런 얘길 하셨어요. 방송작가야말로 허울만 좋아 보이는 진정한 비정규직이라고요. 좋은 선배들을 많이 만났기 때문이었는지 가끔은 그립지만 다시 현장을 가라고 하면 버틸 자신이 없네요. 척박한 환경에서 사람으로, 젊음으로 버티던 시절이었어요."

'탈방송'한 전직 방송작가가 이렇게 많을 줄 미처 몰랐다. 아니, 많을 줄은 알고 있었지만 내 눈앞에 나타날 줄은 몰랐다. 시작은 사소한 생각이었다. 내 나이가 30대 후

반, 주변을 살펴보니 방송 현직보다 전직이 더 많았다. 뭔가 이상하다는 생각이 들었다. 주변의 전현직 작가들에게 근황과 생각을 물어 콘텐츠 퍼블리싱 플랫폼 브런치에 글을 써 보기로 했다. 전직 작가들에게는 왜 떠나야 했는지를, 현직 작가에게는 방송하며 겪는 위기를 물었다. 강원부터 경기, 서울까지 다양한 곳에 사는 이들에게 온라인으로 질문지를 보냈고, 그들이 보내 온 답변은 내 마음을 뭉클하게도, 쓰리게도 했다. 지역은 달라도 이들이 가진 이야기는 크게 다르지 않았다.

그렇게 쓴 글이 브런치 카카오톡 메시지로 선정됐다. 노출의 힘이란 어마어마하다. 그 한 편의 글은 내가 브런치에 쓴 모든 글 가운데 제일 많이 읽힌 동시에 가장 뜨거운 반응을 얻었다. 늘어난 구독자 수도 신기했지만 가장 각별했던 건 방송국 '경로 이탈자'들이 그 글에 댓글로 남긴 생존신고였다. 나는 이들이 남긴 수십 개의 사연을 그냥 넘길 수가 없었다.

방송의 작가라는 이유 하나로 안정된 근무 환경을 포기해야 했던 사람들. 하잘것없는 월급을 손에 쥐고 막막해하다가도 아이템 회의를 위해 퍼석한 얼굴로 택시를 잡아 탔던 사람들. 그러다 결국 병에 걸리거나 해고돼 사라진 사람들. 다종 다양한 이유로 방송이라는 경로를 이탈해야 했던 사람들. 나는 그런 '경로 이탈자'들에게 마음이 간다. 아무도 관심을 갖지 않을지 몰라도 나는 궁금했다. 이들이 어디서 어떻게 살고 있는지, 방송을 어떻게 기억하는지.

댓글을 남긴 이들은 다양한 프로그램의 전직 종사자였다. 라디오 작가부터 TV 작가, 아침 방송부터 저녁 생방송까지, 각기 다른 성질의 방송에 소속돼 일했던 전직 작가들이 자신의 사연을 풀어놓았다. 새삼 방송 종류가 이렇게 다양했나 놀랐다. 연차도 다양했다. 수십 년 경력의 대선배부터 1년 차에 미련 없이 현장을 떠났다는 작가도 있었다. 연차도, 매체도, 분야도 각기 달랐지만 이들이 꺼내놓는 이야기엔 한 가지 공통점이 있었다. '안타까움'이었다. 전직 작가들 대부분은 방송 현장에 대해 "여전하다", "바뀐 게 없다"며 애석해했다. 한 작가 선배는 방송하던 시절을 이렇게 회고했다.

"저도 20년 이상 방송작가로 일했어요. 지역의 라디오 방송작가 1세대였답니다. 뒤돌아보니 그 세월들을 어떻게 버려 냈을까 싶은, 회한으로 가득한 날들이더군요. 노동환경이 변했다고는 하나, 여전히 갈등의 전장에서 일하는 후배들을 보면 마음이 무척 고단해지고 아프기만 합니다."

대선배에게도 방송 현장은 '갈등의 전장'이다. 20년이 아닌 30년을 한 방송사에서 상근하며 일해도 프리랜서라서 내일 당장 잘릴 수 있다는 불안을 품고 산다. 아무도, 누구도 안정을 보장하지 않는다. 그러니 갈등의 전장일 수밖에. 20년 넘게 일한 베테랑 방송작가도 이러니 까마득한 후배들은 말할 것도 없다. 수많은 하루를 '오늘도 무사히'의 마음으로 맞이한다. 하지만 임신을 했다는 이유로, 개편을 단행한다는 이유로 무사하지 않은 하루를 겪는 사람들이 생겨난다. 이들은 영문도 모른 채 함께 가던 경로에서 홀로 이탈당한다.

전직 방송 종사자들의 여러 경험담 가운데 특히 눈길

을 끌었던 건 모성권과 관련된 이야기들이었다. R 작가는 개편 당시 본인 자리에 새로운 사람이 들어온다는 걸 본인만 몰랐던 일을 들려주었다. 결혼 후 임신이 되었다는 이유에서였다. 10년을 일한 곳이었다. 그녀는 사람을 헌신짝처럼 버리는 관행에 크게 충격을 받았다. 퇴직 이후로 7년이 지났지만 그녀는 아직도 한 번씩 당시가 떠올라 몸서리쳐진다고 했다. J 작가 역시 마찬가지였다. J 씨는 무거운 몸으로 만삭까지 일했지만 출산과 동시에 전직이 됐다. 프리랜서 방송 종사자들은 권고사직조차 당하지 못한다. 일하던 프로그램에서 "더 이상 인연을 이어 가기 어렵겠다"는 말을 듣는 것이 고작이다. 그 뒤 종적을 감추는 것, 그게 프리랜서의 해직이다.

임신이 퇴직 사유가 되었다는 작가들. 나는 특히 이 사연들 앞에서 오래 머물렀다. 방송작가에게는 최소한의 모성권조차 보장되지 않는다.* 상중에도 원고를 쓰는데 출산

---

* 여성작가 70.8% "자유롭게 임신결정 할 수 없다"(2018.11.29. 미디어오늘)

과 육아라고 수월할 리 없다.* 몸이 부서져라 일하지만 운이 나쁘면 모종의 이유로 내쳐진다.** 이 암흑의 루트는 비단 작가들에게만 해당되는 사항은 아니었다. 프리랜서 아나운서들 역시 출산한 뒤 조용히 사라졌다.***

    댓글로 생존신고를 했던 이들은 전직 작가뿐만이 아니었다. 리포터나 조연출도 있었다. 자신을 현직 예능 조연출이라고 밝힌 E 씨는 방송국이 시청자들에게 외면받는 이유를 밖이 아니라 안에서 찾을 필요가 있다고 짚었다. 노동자가 제대로 된 대우와 인정을 받지 못하는 공간에서는 시청자를 감동시킬 콘텐츠를 만들기 어렵지 않겠냐는 질문이었다. E 씨가 요즘 하는 고민은 '이 일을 잘할 수 있을까?'가 아닌 '이 일을 계속할 수 있을까?'라고 했다. 나역시 방송하던 시절 내내 하던 고민이다.

    그런가 하면 전직 리포터 N 씨는 "아직도 계약서를 쓰

- 방송작가는 주52시간 사각지대? "상갓집, 응급실에서도 대본 쓴다"(2019.7.2. 한국일보)
- •• '전태일 50주기' 만들고 내쳐지는 방송 노동자들(2020.11.28. 한겨레)
- ••• 출산한 아나운서는 현장으로 돌아가지 못했다(2021.3.13. 미디어오늘)

지 않느냐"며 놀라워했다. 그녀는 4대 보험도, 계약서도, 고용 보장도 없는 방송가를 떠나 기업에 취직했다. 과거 그녀와 함께 일했던 방송작가 가운데 상당수 역시 방송을 떠나 다른 곳에서 안정적으로 살고 있다고 했다. N 씨도, 그녀의 동료들도 안정적인 고용이 담보됐다면 떠나지 않았을 사람들이었다.

결국 방송 현장에 있는 모두의 이야기다. 일부 정규직 방송 제작 인력을 제외하면 많은 이들이 겪는 일이었다. 리포터도, VJ도 이런 일들을 겪고 '경로 이탈자'가 된다. 들어도 들어도 놀랍고 봐도 봐도 적응이 되지 않는다. 이들 외에도 내겐 이 글에 미처 다 담지 못한 많은 전직들의 이야기가 있다. 나는 이들의 이야기가 더 널리 퍼져야 한다고 믿는다. 솔직히 이 수십 명의 공통된 사연이야말로 제대로 된 '방송 아이템' 아닌가. 나는 기다리고 있다. 방송국 시사고발 프로그램에서 방송가 '막내들'을 취재해 줄 날을. 방송사 드라마국에서 근사한 방송 노동 활극을 찍어 줄 날을.

절이 싫으면 떠나지 말고
카메라를 들자

　일할 때 지겹게 들었던 격언이 있다. '절이 싫으면 중이 떠나야지'라는 말. 이미 정형화된 시스템을 바꾸긴 힘드니 싫으면 부속품인 개인이 나갈 수밖에 없다는 이 표현이 방송 업계에서는 흔하게 쓰였다. 동료들은 출산휴가조차 없는 프리랜서 방송 노동의 고충을 한탄하다가도 마지막에는 "절이 싫으면 중이 떠나야지 뭐" 하며 자조적 문장으로 마침표를 찍곤 했다. 나는 이 격언에 끝까지 적응하지 못했다. 혼자 남아 생각에 잠겼다. 왜 중에게는 떠나는 선택지만 주어지는 걸까. 떠나지 않고 절을 바꿀 방법은 정말 없는 걸까.

단편 다큐멘터리 영화 〈일하는 여자들〉은 이런 문제의식에서 시작한다. 영화에는 '절'을 바꾸기 위해 고군분투하는 방송작가들의 이야기가 담겼다. 카메라 바깥에서, 무대 뒤에서 원고를 쓰고 섭외하던 작가들은 이제 카메라 앞에 서서 자신의 이야기를 풀어놓는다. 영화 도입부, 박지혜 작가는 미소 띤 얼굴로 뼈 있는 말을 던진다. "정의로운 프로그램을 만든다고 해서 그 사람까지 정의로운 건 아닙니다." 누구나 알았지만 누구도 할 수 없었던 말이 스크린에서 흘러나왔다. 나는 이런 이야기를 오래 기다려 왔다.

영화는 이미지, 박지혜 두 작가를 중심으로 진행된다. 두 중심축 중 하나인 이미지 작가는 방송 17년 차이자 방송작가유니온의 초대 지부장이다. 그녀는 현직 작가면서 지부장인 동시에 엄마이자 아내다. 네 개의 명찰을 갖고 있는 셈이다. 그녀의 명찰은 하루에도 몇 번씩 '새로고침' 된다. 정신없이 원고를 써 보내고 아이에게 두 시간은

놀 수 있는 블록 장난감을 사 준 뒤 부랴부랴 노조 회의에 참석하는 식이다. 부서질 듯 고된 몸보다 더 힘든 건 아이를 향한 부채감이다. 포기하고 싶을 때마다 그녀는 생각한다. 나중에 아이가 크면 꼭 얘기하리라. 그때 너무 힘들고 아팠지만 엄마가 세상을 바꿔 보고 싶어서 애를 썼었다고. 그런 뜻을 품고 노조 일을 했으니까 이해해 달라고.

이미지 작가가 처음부터 '투사'였던 건 아니다. 신입 작가 시절, 방송국 옥상에서 뛰어내리고 싶을 만큼 괴로웠어도 전면에 나설 생각은 하지 못했다. 장시간 저임금 고강도 노동에 시달리며 '이 직군은 뭔가 대단히 불공정하다'는 모순을 느꼈지만 거기까지였다. 실질적으로 바꿔야겠다는 마음보다는 그저 그만둬야지 생각했다. 그런 그녀가 왜 초대 지부장이 되어 뛰고 있는 걸까. 거기엔 어떤 절박함이 있었다. 방송작가들이 모여 노조를 출범시키려 애써 왔지만, 정작 지부장을 하겠다는 이가 없었다. 노력이 허사로 돌아가는 것을 보고만 있을 수 없어 이미지 작가가 나섰다. 그렇게 그녀는 투쟁하는 작가이자 늘 아이에게 미안한 엄마가 됐다.

영화의 다른 한 축은 방송 2년 차 박지혜 작가다. 그녀는 20대 후반에 방송 일을 시작했다. 늦은 만큼 남들보다 더 열심히 해야 한다는 압박감과 그토록 하고 싶었던 일을 하는 기쁨으로 2년간 오로지 일만 하며 보냈다. 그런데 30대가 되면서 현실이 눈에 들어오기 시작했다. 잦은 야근에도 끄떡없던 몸은 한계를 맞아 이상 신호를 보내기 시작했다. 정말 열심히 살았는데 여전히 통장 잔고는 바닥이었다. 10년은커녕 1년 뒤에도 방송가에서 일하고 있을지 앞이 보이지 않았다. 박 작가는 방송가를 '몸이 버틸 수 있는 곳'으로 바꾸고 싶었다. 그 마음으로 방송작가유니온에서 활동을 시작했다.

영화는 이들의 활동을 담담하게 기록한다. 새벽까지 이어지는 회의, 높아지는 언성, 터져 나온 눈물까지도. 노조 일이 생업도 아닌데 영화 속 작가들은 누구보다 진지하다. "나는 노조에 안 맞는 사람"이라고 농담을 하면서도 세미나나 회의는 빠지지 않는다. 이번 생에 노조는 처음이라 서툴고 때론 불협화음을 내기도 하지만 지향점이 같기에 지칠지언정 돌아서지는 않는다. 박지혜 작가는 노조 일

을 가리켜 '지난한 과정에 지치지 않아야 하는 일'이라고
도 말한다. 방송에서 일을 하다 보면 부당한 대접에 어느
새 익숙해지는데, 거기에 익숙해지지 않고 끝까지 싸우는
일이라고. '절이 싫으면 중이 떠나라'는 격언은 박 작가의
이 말 앞에서 빛을 잃는다.

영화 후반부, 정장을 갖춰 입은 이미지 작가가 어디론
가 향한다. 다소 긴장한 얼굴이다. 도착한 곳은 회의실이
나 농성장이 아닌 여의도 국회다. 방송작가유니온 이미지
지부장은 지난 2019년 10월 21일 국회 환경노동위원회
회의실에서 열린 고용노동부 국정감사에 참고인으로 출
석했다. 방송이 다루지 않는 유일한 이야기를 하기 위해서
다. 국감장에서 이미지 작가는 '막내 작가'로 불리는 신입
작가들의 노동착취 문제를 비롯한 방송작가들의 현실을 공
개했다. 결국 작가들은 자신들의 이야기로 방송국이 아닌
국회 문턱을 먼저 넘었다. 달리 말하면 방송의 현실을 가장
말하기 어려운 곳이 역설적으로 방송국이라는 얘기다.

이렇게 영화는 '노조 하는 방송작가'들이 이뤄 낸 성
과를 비추며 끝난다. 하지만 영화가 끝난 뒤에도 이야기는

이어진다. 2019년 국정감사 이후 방송작가유니온과 방송 3사와의 협의체가 구성됐다. 이제 방송작가유니온은 교섭 주체가 된 셈이다. 하지만 방송가의 불공정 관행 역시 더 교묘해졌다. 불과 얼마 전에도 10년 가까이 한자리에서 일하던 모 방송사 보도국 작가들이 해고됐다. 계약서상 계약 기간이 6개월이나 남은 시점이었다. 방송작가들이 노조를 만들어 한 걸음 떼면 방송사는 뛰어 도망간다. 고요한 곳에서 원고나 쓰고 싶던 작가들은 그래서 유니온에 가입하고 광장으로 나간다. 후배들에게, 그리고 미래의 나 자신에게 더 나은 노동 환경을 만들어 주기 위해서다.

아, 이 작품을 만든 김한별 감독 역시 현직 방송작가다. 그러니까 〈일하는 여자들〉은 작가가 카메라를 든 영화인 셈이다. 그녀는 방송이 절대 다루지 않는 방송 현장의 이야기를 어떻게든 영상으로 만들고 싶었다. 그래서 방송일을 하며 카메라 촬영 수업을 들었다. 일터와 배움터를 바삐 오가며 만들어 낸 첫 작품이 바로 방송작가들의 이야기였다. 작가의, 작가에 의한, 작가를 위한 영화라고 해도 틀린 말은 아닐 것이다. 그렇지만 감상하다 보면 묘한 기시감이 든다. 비단 방송 현장뿐만 아니라 톨게이트에서, 마트에서, KTX에서 우리는 다른 버전의 '일하는 여자들'을 봐 왔으니까.

이제 '절이 싫으면 중이 떠나라'는 말은 고어(古語)로 남겨 두면 좋겠다. 이 힘 빠지는 말을 되뇌기에 우리는 너무 멀리 왔다. 환경을 바꾸기 위해 작가가 카메라를 들고 스스로 감독이 되는 시대다. 우리는 떠나지 않고 카메라를 든다. 증언하고 기록한다. 연대하고 선언한다. 일하는 여자들은 이제 멈추지 않는다.

방송이 스포트라이트를 끄는 곳

방송에 성역은 없다. 방송국 카메라와 마이크를 잡은 이들은 대통령도 교황도 만난다. 머나먼 타국의 대규모 시위나 내전지역도 방문한다. 이들이 가지 못하는 곳은 없다. 하지만 가지 않는 곳은 있다. 스포트라이트를 꺼 버리는 단 한 곳. 바로 '방송국'이다. 방송국 안에서 벌어진 일을 방송은 고발하지 않는다.

지난 2020년 2월, 방송작가노조(방송작가유니온)를 통해 청주지역 한 PD의 죽음을 알게 됐다. 지역도 업무 영역도 접점이 없어 노조가 아니었다면 그를 알지 못했을 것이다. 일부 언론비평지를 제외하고는 그에 관한 심층기사를 발견하기 힘들었다. 사망 소식을 먼저 접하고 나서야 나는 그의 이야기를 찾아보기 시작했다.

CJB청주방송에서 14년간 프리랜서로 근무해 온 이재학 PD는 지난 2018년 동료 프리랜서들의 처우 개선을 사측에 요구했다. 그러자 사측은 이 PD를 프로그램에서 하차시켰다. 그는 포기하지 않고 소송으로 맞섰다. 힘겨운 싸움이 이어졌고, 이 PD는 1심에서 패소했다. 사건을 담당한 판사는 이 PD의 노동자성을 인정하지 않았다. 1주일에 5일에서 7일을 출근하고, 사무는 청주방송 안에서 봤고, 정규방송에 특집 방송까지 연출했는데도 재판에 따르면 그는 노동자가 아니었다. 그는 지난 2020년 2월 4일 "억울해서 미치겠다"는 유서를 남기고 세상을 떠났다. 그리고 1년이라는 시간이 지났다. 여전히 방송가는 고요하다.

방송계만큼 '좋아서 하는 사람'이 많은 업계도 드물다. 한 방송사 안에는 다 세기 힘들 정도로 많은 비정규직과 프리랜서가 존재한다. 이들이 적은 급여와 강도 높은 노동에도 불구하고 방송계를 떠나지 않는 이유는 오직 하나, 일이 좋아서다. 이들은 밤샘 근무를 하고 생방송을 무사히 내보낸 뒤 엔딩 스크롤에 자신의 이름이 나가는 그 짧은 순간으로 또 다음 회차를 만들 기력을 얻는다.

이재학 PD 역시 그랬을 것이다. 그의 별명은 '라꾸라꾸'였다. 장시간 근무로 간이침대를 이용해서 붙은 별칭이었다. 묵묵히 일해 온 그가 지난 2018년, 근무 14년 만에 처음으로 사측을 향해 입을 열었다. 본인뿐만 아니라 함께 일하는 조연출과 작가의 임금을 올리고 최소 제작 인원을 확보해 달라는 요구였다. 당시 14년 차 PD이던 그의 한 달 급여는 160만 원 수준이었다. 그는 요구 당일 하차 통보를 받았다.

하루아침에 직을 박탈당한 방송계 프리랜서들의 사례는 끝도 없다. 작가든, PD든, 진행자든 한국에서 일하는 방송계 프리랜서는 비슷한 일을 겪는다. 운이 좋으면 한두 번, 운이 나쁘면 수십 번. 고장 나거나(아프거나) 끼익 거리면(의견을 제시하면) 버려진다. 사람이 부품 취급을 받는다.

그렇게 살다 보면 가끔 내가 마이크 한 대보다 가치가 없다는 자괴감에 시달린다. 이 기형적인 시스템이 어떻게 가능했을까. 방송가에서는 사람을 '쓰다 버리는' 행태가 관행처럼 자리 잡았기 때문이다.

그렇게 '쓰다 버려진' 이들이 최근 소리를 내기 시작했다. 이재학 PD가 그랬고, 부당해고 이후 방송사 앞에서 1인 시위를 하던 방송작가가 그랬다. 이들은, 나는, 우리는 단지 쓰다 버리는 부품이 아니다. 이 당연한 사실을 인정받지 못해 아까운 사람이 세상을 등졌다.

이런 일을 보고 듣고 겪으니 점점 방송을 보는 일이 힘들어진다. 로맨틱 코미디 드라마를 보면 저 드라마 스태프는 최저임금 이상의 급여를 받았을까, 밤새고 수당은 받을까 하는 생각이 먼저 든다. 작가들을 '갈아 넣기'로 유명한 시사고발 프로그램을 보면 저 프로그램 신입 작가는 누구를 고발하고 싶을까 궁금해진다. 공정을 외치는 방송사 안에서 이뤄지는 불공정은 대체 어디에 고해야 하나.

더 늦기 전에, 돌이킬 수 없게 되기 전에 바로 잡아야 한다. 사람을 쓰다 버리는 관행에서 벗어나 방송계 프리랜서들에게 최소한의 노동환경을 제공할 수 있어야 한다. 그러기 위해서는 부품처럼 소모되는 방송계 노동자들의 이야기가 알려져야 한다. 알려지기 위해서는 '스포트라이트'가 필요하다. 방송이 방송의 문제를 드러낼 수 있어야 한다. 사각지대의 노동, 인권, 복지를 살피는 방송사의 카메라가 방송 제작 인력만 피해 가지는 않아야 한다. 방송과 언론이 그토록 강조하는 게 성역 없는 보도 아닌가. 정의와 공정을 추구하는 방송사라면 더더욱 똑바로 대면해야 할 문제다.

방송사는 성역이 아니다. 또 하나의 노동 현장일 뿐이다. 나는 전직 방송업계 노동자로서, 시청자로서, 시민으로서 요구한다. 방송이 이재학 PD의 죽음에, 방송국 속의 노동현장에 스포트라이트를 비출 것을.

덧붙이는 말. 청주지방법원은 2심에서 고 이재학 PD 근로자 지위확인소송 1심 판결을 취소하고 고인이 CJB청주방송의 노동자라는 사실을 인정했다. 그가 해고된 지 3년, 삶을 놓은 지 1년 3개월 만의 일이다. 법원은 방송사에 해고 기간 동안의 임금과 소송비용 지급을 명령했다. 하지만 이 사실을 다룬 방송 뉴스는 극히 드물었다. 민주언론시민연합은 공개 글을 통해 "이재학 PD와 같은 고용 및 노동차별 문제가 언론계가 아닌 다른 분야에서 벌어졌다면 언론의 관심이 지금처럼 적었을까요?"라는 질문을 던졌다.

"방송작가 A 씨,
제가 감히 응원해도 될까요"

시사 프로그램에서 일하던 습관이 남아 있어 뉴스를 자주 체크하는 편이다. 그날도 별생각 없이 기사 하나를 클릭했다. 한 방송사가 프리랜서 작가와 독소조항 계약서를 작성했다는 제목의 기사였다. '아니 여기마저….' 쓸쓸해하며 기사를 눈으로 훑는데 심장이 벌렁거리기 시작한다. 손끝이 차갑다 못해 저려 왔다.

관련 기사를 통해 파악한 전말은 이렇다. 시사 프로그

램에서 일하던 A 작가. 그날도 평범하게 아침 회의에 참석했다. 못 보던 사람이 회의실에 앉아 있었다. 별다른 언질 없이 회의가 끝났다. 회의 이후 팀장이 "A 작가님은 저랑 말씀 나누시죠"라는 말을 던졌다. A 작가는 구두로 계약해지 통보를 받았다. 회의에 참석한 낯선 이는 대체 작가였다. 심지어 연말까지 기간이 명시된 계약서까지 존재했지만 무용지물이었다. 계약서에 독소조항이 있었다.

사측은 항의하는 A 작가에게 7일, 혹은 4주의 유예시간을 주겠다는 뜻을 밝혔다. 하지만 대체작가까지 뽑혀 있는 마당에 둘이 함께 일할 수는 없는 일이었다. A 작가는 통보 다음 날까지 일한 뒤 해당 방송국 앞에서 1인 시위를 시작했다.

기사를 보고 내내 마음이 어지러웠다. TV를 볼 때도, 밥을 먹을 때도 그 이야기를 완전히 잊지 못했다. 인터넷에 떠도는 웃긴 자료를 보며 낄낄대다가도 순식간에 음울해졌다. 자려고 누우면 갑자기 심장이 방망이질하듯 뛰었다. 결국 나는 쓰려던 다른 글감을 치워 두고 이 이야기를 썼다. 쓰지 않으면 기어이 어딘가 아프고 말 것 같아서였다.

내가 알지도 못하는 방송작가의 해고에 이렇게 민감하게 반응하는 데는 사사로운 이유가 있다. 나도 갑작스런 해고 통보를 받아 봤기 때문이다. 해직을 겪으며 사람은 경험하는 만큼 깊이 타인에게 공명할 수 있다는 것을 절절하게 배웠다. 나에게 그런 경험이 없었다면 잠까지 설쳐가며 그녀의 처지에 이입할 수는 없었을 것이다.

계약 만료 통보를 받던 당시 순식간에 4kg이 빠졌다. 하루아침에 나가라는 통보를 받다니, 내가 능력 없고 초라한 작가임을 공인받는 것 같아서 숨기고 싶었다. 그런데 만나는 사람마다 얼굴을 보고 "대체 무슨 일이 있었던 거냐"며 물었다. 나는 "별일 아니고…"로 입을 열어 결국은 눈물이 그렁그렁하고 목이 멘 채로 입을 닫았다. 별일 아닌 척했지만 별일이라는 것을, 그해 최악의 일이라는 것을 끝까지 숨길 수는 없었다.

지금은 지인들에게 그날 이야기를 해야 할 때 목소리를 떨지도 않고, 그 이야기를 소재로 농담을 하기도 한다. 해고 스토리를 기점으로 내 삶에 대한 글을 쓰게 되었으니 오히려 다행이라고 해야 할까 하는 생각도 든다. 되돌아보

쓰지 못한 단 하나의 오프닝

면 치유의 시작은 그날의 일을 글로 회고하는 데서부터였
다. 그 전에도 누가 괜찮냐고 물으면 짐짓 "당연하지!"라
고 씩씩하게 대답했지만 글로 풀어내고 나서야 비로소 괜
찮아졌다.

A 작가는 나보다 더 괜찮을 것이다. 내가 글쓰기를 통
한 치유에 몰두했다면 그녀는 연대와 투쟁을 선택했다. 주
저앉아 울지 않고 광장에 나왔다. 나와 한 문장에 넣는 것
이 미안할 정도로 찬연한 행보다.

그녀와 한 프로그램에서 일하던 동료작가는 집필을
보이콧했다. 방송에 출연하던 한 패널은 출연 거부 입장을
밝혔다. 방송작가유니온은 그녀의 이야기를 성명으로 발
표했다. '땅콩 회항' 공익제보자 박창진 씨가 연대 시위에
나섰다. 당시 바른미래당 박선숙 의원은 청문회를 통해 해
당 방송사가 프리랜서 계약서에 독소조항을 넣었다고 지
적하고 A 작가 사례도 언급했다. 무엇보다 A 작가 자신이
방송국 앞에서 1인 시위에 나섰다. 매일 한솥밥 먹던 사람
들이 눈앞을 황급히 지나가는 동안 묵묵히 피켓을 들고 서
있었다.

나는 이 이야기를 쓰며 또 조금 치유된다. 적어도 A 작가가 혼자가 아니라는 것에, 함께 행동하는 사람들이 있다는 것에 위로를 받는다. 본 적도 없고 이름도 모르는 작가이지만 그녀의 이야기는 나의 이야기이기도, 이 시대를 사는 많은 프리랜서들의 이야기이기도 하기에. 물론 앞으로도 갈 길이 구만리일 것이다. 지금 구조에서는 얼마든지 제2, 제3의 A 작가가 나올 수 있다. 아니, 나오고 있다. 작가와 계약서를 쓰지 않는 한, 어렵게 계약서를 쓰더라도 독소 같은 조항을 은근슬쩍 끼워 넣는 한, 프리랜서를 사람이 아닌 갈아치울 부품으로 보는 한 이런 일은 반복된다.

이에 대한 글을 써서 온라인에 올린 다음 날, 눈을 뜨니 그녀를 만나야겠다는 생각이 들었다. 당신은 혼자가 아니라고 직접 말해 주고 싶었다. 무작정 1인 시위 현장으로 찾아갔다. 거대한 방송국 건물 앞에 조그만 여자가 섬처럼 서 있었다. 낯설어 눈을 동그랗게 뜨는 A 작가에게 "작가님, 힘내시라고 왔어요. 저도 그 마음 알아요"라는 말을 겨우 하고 눈물이 터졌다. 긴말 없이도 상황을 이해한 그녀가 그렁그렁한 눈으로 내 손을 잡았다. 찬바람 맞으며 길에 서 있던 그녀의 손이 내 손보다 더 따뜻했다. 우리는 잠깐 울고 길게 이야기하고 같이 밥을 먹었다. 그녀는 백반을 꼭꼭 씹어 먹으며 말했다. "방송작가유니온이랑 같이 사측에 계속 문 두드리고 있어요. 어떻게 되든 해 봐야죠."

2주 뒤, A 작가에게 전화가 왔다. "작가님, 나 복직해요. 작가님한테 제일 먼저 전화하는 거야." 연말 보너스를 받은 기분이었다. 그녀는 구두 해고 43일 만에 다시 건물 안으로 들어갔다. 1인 시위를 통한 최초의 방송작가 복직 사례였다. 나는 뛸 듯이 기뻤는데 그녀 목소리는 담담했다. 이유가 있었다.

복직해도 A 작가 앞에 '꽃길'은 없었다. 구두 해고 시점에 그녀의 프리랜서 계약 기간은 몇 달 남지 않은 상태였고, 방송사는 협상 과정에서 1년 단위 재계약이 아닌 기존 계약 기간 준수를 고집했다. 사측이 '눈엣가시'인 그녀와 계약을 연장할까? 서너 달 일하고 계약 기간 종료로 다시 나가게 될 가능성이 크다. A 작가 역시 누구보다 잘 알고 있었다. 그래도 '선례'를 만들기 위해 돌아간다고 했다.

전화기 너머 그녀의 목소리가 단단했다. 그녀가 만든 선례가 기반이 되어 두 번째, 세 번째 복직 사례로 이어질 거라는 예감이 들었다.

바람이 있다면 그녀의 얘기가 더 많은 방송작가들에게, 그리고 방송가 프리랜서들에게 알려지기를 바란다. 선례를 만든 작가가 있다는 걸 세상의 수많은 'A 작가들'이 알게 되기를. 어떤 용기는 전염성을 갖기도 하니까.

쓰지 못한 단 하나의 오프닝

약자들이 경험한
최초의 성취

　　K 작가는 심지가 굳은 사람이었다. 9년을 일한 방송사에서 전화 한 통으로 해고될 때도, 부당해고 구제 신청을 할 때도 그녀는 담담했다. 동요할 시간에 행동했다. (방송사에서 작가로 10년 일하면 도인이 된다는 설은 사실인가 보다.) 처음 찾아간 서울 지방노동위원회에서는 부당해고 구제 '각하' 결정을 받았지만 포기하지 않았다. 나란히 해고된 L 작가와 함께 이번에는 중앙노동위원회에 재심을 신청했다.

필연적으로 외로운 싸움이었지만 혼자는 아니었다. 많은 이들이 해고된 두 작가와 함께했다. 두 사람을 아는, 혹은 모르는 선후배들이 방송사 앞에서 릴레이 1인 시위에 나섰다. 연예인들만 받는다는 커피차도 등장했다. 다만 이 커피차는 연예인이나 팬덤이 아닌, 미디어 노동자 인권센터 한빛에서 연대의 의미로 보낸 것이었다. 멀리 대구에서, 또 전주에서 힘을 실어 주기 위해 발걸음하는 작가들도 있었다. K 작가와 L 작가는 포기하고 싶을 때마다 커피차를, 대구에서 서울 상암동까지 달려와 준 작가를 떠올렸다. 혼자 시작한 이 싸움이 어느새 '함께'가 되어 있었다.

두 작가는 광장에 나서지 않았다. 그 대신 노동위원회의 부당해고 구제 심의 준비에 온 힘을 쏟았다. 10년 가까이 일한 직장에서의 방대한 출퇴근 기록 자료를 준비하고 증거를 수집해야 했다. 마이크를 잡고 이들의 이야기를 세상에 알리는 일은 동료들이 맡았다.

그런데 해고 9개월 만에 K 작가가 처음으로 기자회견에 나섰다. 두 작가가 정부세종청사에 가서 중앙노동위원회 심문에 참석하는 당일이었다. 어쩌면 마지막이 될지도 모르는 발언 기회였다. 마이크를 잡고 입을 여는 그녀의 목소리가 떨렸다. 해고 전화를 받을 때도 울지 않던 그녀가 울음을 억누르고 있었다. 애써 목을 가다듬은 그녀가 말했다. "주 6일을 일했습니다. 비가 오나 눈이 오나 출근했고 가족들은 제가 맡은 방송을 보며 '얘가 죽지 않고 출근했구나'라고 생각했습니다."

가족의 생사를 방송으로 확인하는 기분을 어떻게 가늠할 수 있을까. 아침 6시에 생방송되는 뉴스를 위해 그녀는 새벽 3시 30분까지 방송사에 도착했다. 매일을, 9년간. 그래도 사측은 작가들의 근로자성을 부인했다. 방송사는 그녀들이 '임의대로 출근하면서 고도의 창작활동을 펼쳤다'고 주장했다. 그녀는 정말로 지시를 받지 않았을까. 이에 대해 K 작가는 '49명'이라는 숫자로 맞섰다. 9년간 일하며 그녀에게 업무를 지시했던 차장급 이상의 기자가 몇 명인지 세어 봤더니 49명이라는 숫자가 나왔단다. 명단에는 현 방송사 사장도 포함되어 있었다.

그 기자회견을 마지막으로 할 수 있는 모든 일이 끝났다. K 작가와 L 작가는 기자회견 이후 세종시로 이동해 중앙노동위원회에서 열린 한 시간 반가량의 심문회의에 참석했다. 회의에는 일간지와 비영리 독립 언론, 언론비평지 기자가 참관했다. 방송사측 기자는 없었다.

팽팽한 긴장 속에서 진행된 심문회의가 끝났다. 초조한 다섯 시간이 흘렀다. 노동위원회의 판정은 보통 오후 8시에 자동 전송된다고 했지만 8시 정각에도 아무 연락이 오지 않았다. 2시간 같은 2분이 지나고 작가 측 노무사에게 문자가 한 통 도착했다. "주식회사 XX방송 부당해고 구제 재심신청 사건의 판정 결과 '초심 취소'입니다." 처음으로 일개 방송작가가 방송사를 이겼다.

나 역시 이들의 소식을 기다렸지만 밤이 되도록 휴대전화가 잠잠해 걱정스러웠다. 저녁 9시가 다 된 시간에 작가들이 모인 메신저 단체 채팅창이 반짝였다. "초심 취소. 저희가 이겼어요!" 온몸에 피가 도는 기분이었다.

심문 결과가 메신저에 공유되자마자 이번 일을 지켜본 방송작가들의 말이 쏟아졌다. 한 작가는 "함께의 힘은 역시 강하다"며 감탄했고 다른 작가는 "견고한 벽을 연대의 힘으로 넘는다"며 기뻐했다. 울컥한다거나 눈물이 난다

쓰지 못한 단 하나의 오프닝

는 소회가 가장 많았다. 한 번도 이겨 본 적 없는 약자들이 경험한 최초의 성취였다. 각자의 자리에서 늦은 밤까지 취재하고 구성하던 작가들이 한마음으로 기뻐했다. 밤늦도록 메신저가 북적였다. 나 역시 고양감에 젖어 늦도록 잠을 이루지 못했다. 정작 당사자인 두 작가는 이번 성취를 모두의 공으로 돌렸다. 다 같이 이뤄 낸 일이라며, 앞으로도 현장을 하나씩 바꿔 가자고 의지를 다졌다.

이번 일을 보며 약자에게 '작은 성취'란 무엇인지 되새긴다. 이겨 본 적 없던 사람들은 승리를 배울 기회도 없다. 심지어 싸울 수 있다는 걸 말해 주는 이도 없다. 그렇게 방송작가들은 노동은 하지만 노동자는 아닌 채로, 프리랜서이긴 하지만 '프리'하지 않은 채로 오래 살아왔다. 그래서 이번 결과가 더 소중하다. 방송가에서 숨죽여 살던, 섬처럼 동동 떠 있던 사람들이 하나둘 연결된 계기였기에. 처음으로 투쟁이라는 걸 해 봤고, 또 이겨 볼 수 있었기에. 방송업계의 공고한 관행을 한 번에 깰 순 없겠지만 이 작은 성취는 마음에 오래 남아 먼 길을 가는 연료로 쓰일 것이다.

덧붙이는 말. 해당 방송사는 중앙노동위원회의 판정에 불복하고 행정소송을 제기했다. 방송작가유니온, 전국언론노동조합, 언론노조 대구MBC비정규직다온분회, 희망연대노조 방송스태프지부, 민주언론시민연합 등 언론 관련 단체에서 비판이 이어졌다. 해당 방송사는 소송과 관련된 공식 입장을 내놓지 않았다. 작은 성취를 이루자마자 다시 벽을 마주한 두 작가를 위해 많은 이들이 함께하고 있다. 길은 멀다. 벽은 높다. 그래도, 함께 간다.

해직이 남긴
유산

시 쓰기 수업을 듣던 때의 일이다. 수업은 돌아가며 시를 한 편씩 쓰고 합평을 하는 방식으로 진행됐다. 한 여성 수강생이 자신의 시를 낭독했다. 첫차를 타고 출근하는 수산시장 노동자의 이야기였다. 시를 듣고 난 뒤 다른 수강생들이 돌아가며 자신의 감상을 이야기하는 차례가 왔다. 젊은 남성 수강생이 입을 열었다. "시 자체는 뭐 괜찮네요. 그런데 시대성이 별로… 요새 새벽 버스 타고 출근하고 이런 사람 잘 없잖아요?"

강의실은 잠시 조용했다. 남성 수강생의 합평이 가시처럼 목에 걸렸다. 순간 내 안의 두 자아가 고개를 들었다. '분위기 깨지 말고 가만히 있자. 유난으로 비칠 수도 있잖아' 하는 '소심이'와 '말해 주지 않으면 어떻게 알아? 거북하다고 피해 버리면 바뀌는 게 아무것도 없는데?' 하는 '불편이'였다. 결국 내 안의 '불편이'가 이겼다. 나는 주저하다 입을 열었다.

"혹시 첫차를 타 보셨나요? 저는 어쩌다 한 번씩 탈 일이 생기는데요, 생각보다 많은 사람들이 첫차를 타고 직장을 향하더라고요. 업종도 다양하고요. 내 눈에 보이지 않는다고 존재하지 않을 거라는 생각은 좀 위험하지 않을까요." 목소리가 떨리는 게 느껴졌다. 떠오르는 얼굴들이 있어서였다. 평생을 별빛 보며 출근한 건설노동자 고모부의 얼굴, 새벽같이 공장에 나가던 엄마의 얼굴, 항공사 스케줄 근무로 자주 공항까지 첫차를 탄다던 친한 동생의 얼굴. 어디 그들뿐일까. 택배, 청소, 버스 노동자… 이른 하루를 시작하는 사람들은 생각보다 훨씬 많다. 9 to 6(아침 9

시부터 오후 6시까지의 근무체계)는 세상의 일부일 뿐이다.

최대한 조심스럽게 말하려고 했지만 내 말에 남성 수강생은 머쓱한 표정이었다. 예전 같으면 분위기가 어색해지는 게 싫어 불편함을 그냥 삼켰을 거다. '새벽에 출근하는 사람들 많은데…' 하고 속으로 생각하고 말았을 것이다. 하지만 갑작스러운 해직을 겪은 뒤 나는 좀 변했다. 백날 혼자 끙끙 앓아 봐야 바뀌는 게 없었다. 나는 방송가의 쉬운 해고와 구두 계약 같은 이상한 관행이 당연하지 않은 거라고 말하고 싶어졌다. 그러기 위해서는 입을 열고 손을 놀리고 필요할 땐 발로 뛰어야 했다. 그래야 내가 몸담은 영역이 바뀔 미세한 가능성이라도 생겼다. 그러다 보니 분위기가 어색해지더라도 불편한 일에는 입을 대는 버릇이 생겼다. 이젠 누군가에게 이견을 내놓는 게 예전만큼 두렵지 않다. 같은 결론에 도달하지 않아도, 다른 생각을 나누는 것만으로도 의미 있다고 본다. 내 시선으로 보는 세상이 전부가 아니라는 걸 알게 되니까.

해직은 내게 말하는 입 외에도 해직자를 알아보는 시야를 주었다. 아기 엄마가 되면 길에서 아이만 보인다더니 해직자가 되자 해직자만 눈에 들어왔다. 버젓이 계약서가 있었지만 독소조항 때문에 기간을 채우지 못하고 해고된 방송작가, 지역 민영 방송사에서 14년간 일하다 해고된 뒤 세상을 등진 프리랜서 PD, 출산을 했다는 이유로 회사에 돌아가지 못한 아나운서가 보였다. 거대한 방송사의 그늘에 있던 사람들이다. 내 세상이 그저 밝기만 했을 땐 보이지 않던 이들을 볼 수 있었다. 포털 사이트에서 뉴스를 볼 때도 방송가를 다룬 기사가 유독 도드라져 보였다.

해직 이후 반년 정도는 모든 글의 주제가 나로 수렴됐다. 내가 라디오를 좋아하게 된 사연, 내가 방송에 진입하게 된 계기, 내가 방송하며 겪은 부당한 일들까지. 방송가의 해고 문제를 자주 찾아봤지만 글로 승화시킬 자신이 없었다. 그러니 선택하는 건 늘 내 이야기였다. 그러다 우연한 기회로 해직 방송작가 A 씨의 이야기를 만났다. 그녀의 사연을 접하고 난 뒤 나는 처음으로 타인에 대해 썼다. 내 이야기를 쓸 때보다 훨씬 오래 걸렸지만 결과물은 미숙했다. 그래도 그 글은 내가 쓴 것 중 가장 덜 이기적인 글이었다. '타자를 지키려고 할 때 나날이 확실해지는' 감각을 느껴 본 건 그때가 최초였다.

A 작가의 이야기를 기점으로 타인의 서사를 써 보기로 했다. 해직 이후 억울함에 세상을 등진 프리랜서 PD의 이야기도, 거대 방송사에서 나란히 해고된 두 작가의 이야기도, 버티고 버티다 '탈방송'한 선후배들의 이야기도 공들여 썼다. 이 가운데 어떤 글은 포털 사이트에 노출되며 많은 이들에게 읽혔고, 어떤 글은 내 공간 외에 어디에도 실리지 않아 적막하게 남아 있다. 머리 뜯어 가며 썼는데 상심하지 않았다면 거짓말이겠지. 그래도 많이 읽히든 아니든 꾸준히 적었다. 아무도 지면을 주지 않아도. 누구도 '좋아요' 버튼을 누르지 않아도.

그렇게 방송 해직자들의 이야기를 기록하다 보니 차츰 다른 분야의 해직자들이 눈에 들어왔다. 자동차 회사도, 학교도, 항공사 하청업체도 부당 해고에서 자유롭지 않았다. 심지어 중공업 쪽에서는 노동계 대모가 회사로 돌

• 김진영, 『아침의 피아노』, p.242, 한겨레출판사, 2018

아가지 못하고 있었다. 309일 동안 크레인 위에서 고공농성을 벌인 김진숙 민주노총 부산본부 지도위원의 이야기였다. 평범한 용접사였던 그녀는 노조활동을 했다는 이유로 공권력에 고문을 당한 뒤 해직됐다. 전두환 정권 시절, 무려 36년 전 이야기다. 그녀가 전무후무한 '크레인 농성'을 했던 게 지난 2011년이다. 이후 회사가 직원들에 대한 정리해고를 철회했다는 소식을 들은 기억이 난다. 나는 막연히 그녀가 벌써 복직해 현장에서 일하고 있을 거라고 생각했었다. 그런데 은유 작가가 SNS에 올린 글이 당황스러웠다. 김진숙 지도위원의 복직을 기원하며 청와대 앞 농성장에서 글쓰기 현장 강연을 진행한단다. 아니 아직도 복직이 안 됐다고?

잠시 고민하다 달력에 동그라미를 쳤다. '청와대 농성장'이라는 단어가 장벽처럼 느껴졌지만 좋아하는 작가가 해직 노동자의 복직을 위해 맨몸으로 나서는 길거리 강연이었다. 나 역시 엄밀히 말하자면 해직자 아닌가. 마침 방송계의 해직자들 이야기를 써 왔으니 가서 느껴 보자 싶었다.

쓰지 못한 단 하나의 오프닝

농성장에 가서 일고여덟 명이 조그맣게 둘러앉아 은유 작가의 강연을 들었다. 옆에서 보수단체가 엠프를 켜놓고 큰 소리로 집회를 하는 통에 강연자는 소리치듯 말을 이어야 했다. 은유 작가는 이런 경험은 또 처음이라며 명랑하게 웃었다. 이래서 그녀가 좋았다. 고고하게 글만 쓰는 게 아니라 연결을 위해, 연대를 위해 언제라도 길 위에 서는 작가라서.

중견 작가지만 길거리 강연에 나서는 그녀처럼 나도 냉소를 경계하며 살고 싶다. 해직자 개인에서 방송 해직자들의 이야기로, 방송 해직자들의 이야기에서 다른 분야 해직자들의 이야기로 차츰 나의 세계를 확장시키고 싶다. 그러기 위해 연결하고 연대하며 살고 싶다.

해직 이후 타자에 대해 더 자주, 더 오래 생각한다. 나만 아는 사람으로 늙고 싶지 않아졌다. 어쩌면 이건 해직이 내게 남긴 유일한 유산일 것이다.

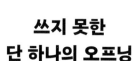

쓰지 못한
단 하나의 오프닝

"'어떤 정부도 역사를 검열할 권리가 없다.'

한 미국인 교수의 발언입니다. 이 말은 사실 일본의 위안부 강제징집 문제와 관련해서 나온 얘긴데요. 전말은 이렇습니다. 지난해 11월 일본 외무성은 뉴욕 총영사에게 미국 한 출판사의 세계사 교과서 속 위안부 내용을 수정할 것을 요구했습니다. …"

_시사프로그램 2015.02.17. 오프닝 중에서

"다시, 6월입니다. 오늘이 소위 '빨간날'은 아니지만 책상 위 달력을 눈여겨보신 분들은 국가기념일이었다는 사실을 알아차리셨을 것 같은데요. 오늘은 '6·10 민주항쟁기념일'입니다.

민주헌법, 민주정부라는 말들이 어쩐지 멀게 느껴지던 때가 있었습니다. 독재타도, 직선제 쟁취라는 말이 수없이 들려오던 때도 있었습니다. 불과 28년전 얘깁니다. …"

_시사프로그램 2015.06.10. 오프닝 중에서

"소설을 통해 4·3을 직시한 인물, 4·3 진상규명운동의 선구자, 재일 소설가 김석범 선생입니다. 기억하는 분들도 계실 겁니다. 올해 2월 제1회 제주4·3평화상 수상자로 선정되면서 우리 프로그램에서 전화 인터뷰를 갖기도 했죠. 그런데 이게 어떻게 된 일일까요. 김석범 소설가의 방한이 저지됐습니다. 한국정부에 의해섭니다. …"

_시사프로그램 2015.10.14. 오프닝 중에서

시사 라디오 프로그램 작가로 일하던 시절엔 하루가

한 시간 같았다. 아침에 제작자 겸 진행자 선배와 당일 아이템을 선정하고, 인터뷰 상대를 물색하고, 연락을 돌리고, 섭외가 펑크 나면 대체자를 구하고, 질문지를 구성하다 보면 시간이 서너 시간씩 뭉텅이로 지나 있었다.

폭풍 같은 전초전을 끝내고 난 뒤, 그날 방송의 오프닝을 쓸 수 있었다. 그 순간이 내가 가장 좋아하는 시간이었다. 2분 남짓한 오프닝 멘트를 어떻게 구성하느냐가 그날 원고의 만족도를 결정했다. 라디오 원고의 첫 장만큼은 오롯이 내 차지였다. 제작자 선배는 오프닝에 한해서는 무한한 자유를 줬다. 가끔 오해될 만한 표현을 고치기는 했지만 어떤 이야기를 할 것인지는 내가 결정했다. 딱 하나 쓰지 않은 이야기는 있었다. 방송과 언론의 그늘에 존재하는 비정규직, 프리랜서 노동자의 이야기는 쓰지 못했다. '나 힘들다'는 투정 같아 보일 수 있어서기도 했고, 써 봐야 윗선에서 자를 거란 걸 알고 있었으니까.

내겐 하고 싶은 이야기가 많았다. 국제사회에서 일본이 위안부 강제징집 문제를 감추려 할 때에도, 스물여덟 번째 6·10 민주항쟁 기념일에도, 박근혜 정부가 4·3 소설가 김석범 선생의 방한을 막아 노작가가 눈물을 보였다는 사실을 알게 됐을 때도. 늘 쓰고 싶었고, 그래서 썼다. 박봉에, 자주 입술이 터 있을 정도로 긴장하고 살았지만 그래도 일이 좋았다. 마음에 드는 오프닝을 하나 손에 쥐고 나면 다음 원고를 쓰고 다음 사람을 섭외할 힘이 생겼다.

내 책상이 있던 지역사 방송국 편성제작부는 밤이면 썰물처럼 사람이 빠져 어둡고 적막했다. 그날도 그런 날이었다. 잔업을 하던 내게 한 정규직 선배가 말을 걸었다.

"오늘 낮에 본사에서 특집 때문에 왔더라?"

"그렇더라고요."

"본사는 페이 잘 주잖아. 너도 가서 '시다'라도 시켜 달라고 해."

얼음물을 뒤집어쓴 기분이었다. 놀라서 굳은 나를 두고 그 선배는 상쾌하게 퇴근했다. '시다'라면 신입 작가를 이야기하는 건가. 자기 눈앞에 있는 지역사 시사 라디오 프로그램 작가와 이름도 모르는 본사 라디오 프로그램의 신입 작가를 동시에 욕보이는 화법에 기가 막혔다. 결국 나는 혼자 한참을 불이 반 꺼진 편성제작국에 우두커니 앉아 있다가 집에 갔다. 섭외도 혼자, 구성도 혼자 하며 시사 라디오 프로그램의 작가로 열심히 일해 왔다고 자부하는데 가서 '시다'라도 하라니. 모욕적인 언사가 잊히지 않았다. 오래 불쾌했다. 문제 제기는 하지 않았다.

5년쯤 지나 다른 지역의 작은 방송사 라디오 음악 프로그램 작가로 일하게 되었다. 1년을 조금 못 채우고 나가 달라는 통보를 받았다. 어제까지는 나랑 코너 개편을 이야기하더니 오늘 뭐? 정신을 차릴 수가 없었다. 얼빠진 얼굴로 집에 돌아오자마자 온몸이 욱신거려 앓아누웠다. 다시 평정을 되찾기 위해 몇 번의 여행과, 몇십 번의 위로와, 열두 번의 글쓰기 모임과, 휴지 서너 통과, 고양이 두 마리 만큼의 온기가 소요됐다. 오래 앓았다. 문제 제기는 하지 않았다.

요즘은 방송가의 이야기를 원 없이 쓰고 있다. 방송에서 손을 놓고 나니 가능해진 일이다. 현직에서 전직으로 바뀌자 할 수 있는 이야기가 많아졌다. 다시 돌아갈 곳 없는 사람만이 업계를 자유롭게 비판할 수 있는 걸까. 그렇게 생각하면 약간 외로워진다.

나는 아직도 매일 라디오를 듣는다. 라디오에서 근사한 오프닝을 들을 때 심장이 뛴다. 심야 라디오에서 취향의 노래가 흘러나오면 기뻐하며 (혼자) 단골 청취자가 될 것을 약속한다. 아무도 주목하지 않던 시민의 선행 이야기를 아침 시사 라디오에서 다뤄 주면 마음이 흐뭇해 제작진에게 밥이라도 한 끼 대접하고 싶다. 결국 생각한다. 방송사 문제를, 비정규직 처우를 아직까지도 끄적이고 있다니 나 참 어지간히 방송 좋아했구나.

내가 조금 더 일찍 각성했더라면 어땠을까 상상해 본다. 가서 '시다'라도 하라던 선배에게 해당 방송사 노조를 통해 공식 문제 제기를 했더라면. 이유는 잘 설명해 줄 수 없지만 그만 나오라던 PD에게 문제 제기를 했더라면. 아마 사과는 받았을 것이다. 그런 의도가 아니었다는 부연 설명과 함께. 그리고 두어 달 뒤 나는 '이 프로그램과 맞지 않는 것 같다'는 정중한 어조의 말을 듣고 어영부영 인수인계를 한 뒤 떠나야 했으리라. 너무 앞서 나간 것 아니냐고, 그저 당신에게만 일어난 일 아니냐고 묻는 사람도 있다. 그런 이들을 위해 글을 쓰는 날 기준으로 최근 일주일 간 방송 업계에 어떤 일들이 있었는지를 알려 드리고 싶다.

A 방송사는 최근 아침 뉴스 프로그램 작가 두 명과 부당해고 구제를 두고 다투고 있다. 두 작가들은 만 9년을 해당 방송사 7층 보도국의 특정된 자리에서, 고정된 업무를 진행했다. 매일 정기적으로 출근했다. 그런데도 이들은 프리랜서라서, 선례가 없어서 노동자성을 인정받는 데 어려움을 겪고 있다.

B 방송사는 한 시사토크쇼 개편을 위해 소위 '시즌 오프' 결정을 내렸다. 정규직을 제외한 20명 안팎의 비정규직과 프리랜서들은 사실상 계약해지 통보를 받았다. 작가들은 마지막 회 집필 거부를 선언했고, CG 디자이너들은 11월까지만 근무하겠다고 결정했다. 해당 방송에 몸담았던 모 프리랜서 PD는 페이스북을 통해 "부당한 계약 종료 사실을 알려야겠다고 마음먹은 이유는 제가 일했던 곳이 대한민국 최고의 방송국이었기 때문이다. 노동자 정신의 근간인 전태일 열사 이야기를 방송으로 만들며, 그 방송을 만드는 노동자들을 부당하게 해고하는 이 구조적 모순. 이

런 모순이 아무렇지 않게 존재하는 곳이 지금의 방송국"
이라고 말했다.

최근 일주일 소식만 봐도 이렇다. 수면에 떠오른 일들 아래엔 얼마나 더 많은 이야기가 도사리고 있을 것인가. 직을 걸 수 없는 이들, 노동위원회에 찾아갈 기력조차 없는 이들은 또 어떤 얼굴로 하루를 견뎠을 것인가.

그래서 나는 뒤늦게 쓴다. 온갖 것을 쓸 수 있었지만 방송 현장만큼은 쓰지 않았던 비겁한 시사 라디오 작가, 나에 대해. 내가 보고 느꼈던 방송 현장의 부조리에 대해. 그리고 오늘도 그 부조리에 맞서는 사람들에 대해. 이건 내 방식의 참회다. 아니, 내가 했어야 했던 문제 제기를 대신하는 사람들에게 보내는 부끄러운 응원이다.

전직의 떠들기

나는 전직(轉職)*을 많이 해 전직(前職)**이 많다. 해 본 일을 되짚어 보니 다섯 손가락을 다 채운다. 사서, 대학교 행정직, 기자, 동물 매거진 에디터, 방송작가까지 여러 일을 거쳤다. 이 정신없는 커리어 패스(경력 경로)는 내가 여러 가지를 얕고 넓게 좋아하는 성정이라 가능했을 거다.

---

* 직업이나 직무를 바꾸어 옮긴다는 뜻
** 전에 가졌던 직업이나 직위. 반의어는 현직

쓰지 못한 단 하나의 오프닝

그런데 이상도 하지. 분야를 넘나들며 전직을 했는데도 유독 도서관이나 대학에서의 일에 대한 질문을 받으면 말문이 막힌다. 그때를 떠올리면 전생처럼 막연하고 어슴푸레하다. 단순하게 시간의 총량이 적어서는 아닌 것 같다. 사서로는 몇 개월 일한 게 전부지만 대학 행정실에서는 다 합쳐 3년 정도의 시간을 보냈다. 곡절이 없었던 것도 아니다. 성희롱도 당해 보고 납득하기 힘든 인사 발령도 겪어 봤다. 그런데도 누군가 대학에서 일하는 건 어땠는지 물으면 갑자기 먼 곳을 응시하게 된다. 말이 궁해서다.

누군가 내게 방송 업계에 대해 대화를 나누자고 하면 하루 종일도 할 태세면서, 대학 사무직으로 일하던 시절에 대한 얘기는 5분을 채우는 것도 힘들다. 대학가라고 현안이 왜 없을까. 거기도 비정규직 노동자가 있다. 점점 줄어드는 학생 수로 폐교 위기에 놓인 대학들이 있다. 그럼에도 나는 할 말이 적다. 그곳에 남겨 두고 온 마음의 크기가 쌀알만큼이나 작아서다.

결국은 마음의 문제다. 우리가 어떤 일을 반추하는 건, 닫았던 입술을 여는 건, 기어이 글을 쓰고 마는 건 그 일에 두고 온 마음의 크기에 비례한다. 사실 현직도 아닌 내가 방송가의 문제를 글로 풀어내는 건 효용과는 거리가 먼 일이었다. 글은 느리고 세상은 빨랐다. 부당해고를 당한 20년 차 방송작가가 투쟁 끝에 다시 회사로 돌아갔다는 글을 쓰고 나면 어느새 방송사가 슬그머니 그녀를 다시 내친 뒤였다. 세상은 멀미가 날 정도로 기민하게 돌아갔다.

전직에 대해 쓸 때는 품이 많이 들었다. 며칠 전 일에 대해 적는 게 아니라 몇 달 전, 심지어는 몇 년 전 일이니 자주 기억 속으로 침잠해야 했다. 사실 확인을 여러 명에게 해야 쓸 수 있는 이야기도 있었다. 그렇게 한 편을 완성해도 당장 세상이 변하는 건 없어 보였다. 또 많은 사람이 문제를 제기해 (극히 낮은 확률로) 업무 환경이 개선된다고 해 봐야 전직은 바뀐 여건을 누릴 수가 없다. 그러니 누군가 "지나온 업계를 기록하는 건 비효율적인 데다 심지어 남 좋은 일"이라고 해도 이해는 한다.

하지만 전직이기에 할 수 있는 말, 쓸 수 있는 글도 분명 존재한다. 현직이 업계의 현실을 얼마나 자세하게 드러낼 수 있을까. 요즘처럼 글쓴이가 노출되기 쉬운 시대엔

쓰지 못한 단 하나의 오프닝

더욱 쉽지 않은 일이다. 특히 외부에 잘 알려지지 않은 업계일수록, 비판에 폐쇄적인 업계일수록, 도제식으로 일을 배우는 업계일수록 현직이 문제 제기를 하기 어렵다. 도제식이란 스승이 제자를 훈육하는 일대일 방식으로 업무를 가르치는 시스템을 말한다. 출판, 언론, 방송, 패션, 미용, 요리 등 다 셀 수도 없는 업계가 이 방식으로 신입 종사자를 대한다. 누가 '스승 격'인 업계 선배를 거스를 수 있을까. 입을 열면 업계 바깥으로 튕겨져 나가게 되는데, 꿈꾸던 일을 포기해야 하는데.

전직이 이미 떠난 업계에 대해 주절거려야 하는 이유가 바로 여기에 있다. 우리는 잃을 게 없다(얻을 것도 없지만). 우리에게는 이미 떠난 자의 차분함과 냉철함이 있다. 업계를 떠난 시점부터 과거의 고용주는 우리에게 그저 상품을 제공하는 공급원이다. 방송사는 콘텐츠를, 출판사는 책을, 식품그룹은 빵을 파는 회사일 뿐 과거의 위력은 빛을 잃는다. 그럼 전직에겐 뭐가 있냐고? 계약서는 왜 안 쓰는 거냐며 사측에 묻던 담대함, 밥 먹듯 야근하며 기른 지구력, 당시엔 환장할 노릇이었지만 지금 보면 훌륭한 글감이 되는 무수한 에피소드들. 우리에겐 서사가 있다.

전직에겐 아무 권한이 없지만 그 대신 자기만의 이야기가 있다. 업계의 부당함에 맞서던 사람도, 맞서지 못하고 피한 사람도, 심지어는 그 부당함에 동조하던 사람도. 출근 첫날부터 문제의식을 가진 사람도, 그만두고 나서야 내가 몸담았던 업계의 부조리함을 알게 된 사람도 모두가 각자의 이야기를 가지고 있다. 나는 더 많은 전직이 입을 열기를 바란다. 전직 프랜차이즈 카페 점장도, 그 카페에서 일하던 전직 아르바이트 노동자도 자기 시점에서 할 수 있는 이야기를 들려줬으면 좋겠다. 왜냐하면 나는 개인의 서사가 타인에게 스며들 수 있다고, 그래서 개인의 이야기는 외딴 섬처럼 보이는 타자에게 이해의 다리를 놓는 일이라고 믿기 때문이다.

이해의 다리를 놓는 일이란 잠시나마 상대의 입장에서 보는 일 아닐까. 얼마 전 『경찰관 속으로』라는 책을 읽었다. 실제 경찰관인 원도 작가가 쓴 이 책에는 내가 모르던, 알아도 외면하던 경찰의 세계가 고스란히 담겨 있었다. 책장을 넘기며 나는 저자가 만들어 둔 이해의 다리를

　　　　　　　　　　　쓰지 못한 단 하나의 오프닝

천천히 건넜다. 그러자 집단으로만 보이던 경찰이라는 존재가 차츰 또렷한 '사람'으로 다가왔다. 책장을 덮고 나니 무심코 지나쳐 가던 동네 지구대도 예전과 다르게 보였다. 글을 통해 잠시나마 한 경찰관의 자리에 서 보았기 때문일 것이다. 이런 경험을 많은 이들이 해 봤으면 좋겠다. 우리가 잠시나마 서로의 자리에 서 볼 수 있다면 티끌만큼의 이해라도 자라나게 될 것이라고 믿기에. 설령 이해하진 못하더라도 혐오하지는 않을 것 같기에.

이건 다른 얘기지만, 업계에서 받은 상처로 고통스러워하는 사람에게도 전업에 대한 글쓰기를 추천한다. 초반에는 고통이 쓰기의 동력이 되고, 그다음에는 글이 나를 끌어 준다. 글을 쓰며 '내가 왜 상처를 받았는지' 계속 질문하다 보면 나도 모르던 내 감정을 발견할 수 있을 것이다. 상처의 복기는 현직 후배가 아닌 나를 위해서도 중요한 일이다. 일하며 받은 고통을 직시하는 일은 물론 쉽지 않다. 당한 일을 적어 내려가다 속이 뒤집어져 하염없이 창밖만 바라보게 되는 때도 있다. 쓰며 마음이 여러 계절을 오갈 것이다. 일의 기쁨을 쓸 때는 푸릇한 봄이었다가, 일의 슬픔을 쓸 때는 스산한 늦가을처럼 황량해질 것이다. 그럼에도 불구하고 한 편을 다 써 내면 조금은 홀가분해질 것이다. 이미 지나갔어도 온전히 보내지 못한 상처를 보내 줄 마음이 생길지도 모른다. 그래서 감히 권한다.

이제 나는 나의 이야기를 쓰며 당신의 이야기를 기다린다. 그 업계에서 어떤 일이 있었는지, 왜 떠나야 했는지. 업계를 떠날 때 당신 앞에는 해사한 빛이 기다리고 있었는지, 시꺼먼 암흑이 기다리고 있었는지. 당신이 기꺼이 입을 열고 글을 쓰게 되기를. 내 이야기가 당신에게 닿고, 당신의 글이 내게 닿기를. 우리가 이해의 다리를 놓는 일에 주저함이 없기를.

쓰지 못한 단 하나의 오프닝

쓰지 못한
단 하나의 오프닝

초판 1쇄 인쇄 2021년 6월 20일
초판 1쇄 발행 2021년 7월 1일

글 이은혜
펴낸이 홍지애
펴낸곳 꿈꾸는인생
주소 서울 마포구 월드컵북로 400 2층
전화 070-4046-2371
팩스 02-6008-4874
이메일 lifewithdream@naver.com

ⓒ 꿈꾸는인생, 2021

ISBN 979-11-91018-09-7 (03300)